A questão da culpa

Karl Jaspers

A questão da culpa

A Alemanha e o nazismo

tradução
Claudia Dornbusch

todavia

Prefácio 7
Introdução à série de palestras sobre
a situação espiritual na Alemanha 9
A questão da culpa 17

Esquema das diferenciações 21

1. Quatro conceitos de culpa 23
2. Consequências da culpa 27
3. Violência. Direito. Clemência 28
4. Quem julga e quem é julgado? 30
5. Defesa 35

As questões alemãs 39

I. A diferenciação da culpa alemã 45
  1. Os crimes 45
  2. A culpa política 55
  3. A culpa moral 58
  4. A culpa metafísica 65
  5. Resumo 67

II. Possibilidades de desculpa 75
  1. O terrorismo 75
  2. Culpa e contexto histórico 77
  3. A culpa dos outros 82
  4. Culpa de todos? 89

III. Nossa purificação 93
  1. O desvio da purificação 94
  2. O caminho da purificação 106

Posfácio de 1962 do meu livro
A questão da culpa 111

Prefácio

A partir de uma série de palestras sobre a situação espiritual na Alemanha, proferidas no inverno de 1945-1946, publica-se aqui o conteúdo das aulas que abordavam a questão da culpa.

Com essas discussões quero, enquanto alemão em meio a alemães, fomentar clareza e consenso, e, enquanto ser humano entre seres humanos, participar de nossos esforços em prol da verdade.

Heidelberg, abril de 1946

Introdução à série de palestras sobre a situação espiritual na Alemanha

Precisamos nos orientar espiritualmente uns em relação aos outros na Alemanha. Ainda não temos o chão comum. Tentamos nos encontrar.

O que lhes apresento aqui cresceu a partir do diálogo, algo que nós todos, cada um em seu círculo, executamos.

Cada um terá de lidar a seu modo com os pensamentos que exponho aqui — não deverá simplesmente aceitá-los como válidos, mas ponderar —, porém não deverá simplesmente refutar, mas experimentar, presentificar e examinar.

Queremos aprender a falar uns com os outros. Isso significa que não queremos apenas repetir nossa opinião, mas ouvir o que pensa o outro. Não queremos apenas afirmar, mas de uma forma contextualizada refletir, ouvir argumentos, permanecer dispostos a uma nova percepção. Queremos experimentar nos colocarmos na perspectiva do outro. Sim, queremos mesmo sair em busca daquilo que nos contradiz. Acolher o que é comum no contraditório é mais importante do que o estabelecimento prematuro de pontos de vista exclusivos, com os quais se encerra a conversa pela ausência de perspectivas de sucesso.

É tão fácil defender juízos firmes carregando nas emoções; é difícil elaborar de forma serena. É fácil interromper a comunicação com afirmações bruscas; é difícil penetrar incessantemente no fundo da verdade, para além das afirmações. É fácil adotar uma opinião e mantê-la para poupar-se o trabalho de continuar pensando; é difícil avançar passo a passo e não impedir mais questionamentos.

Precisamos restabelecer a disposição ao raciocínio. Parte disso é que não nos anestesiemos em meio a sentimentos de orgulho, de desespero, de indignação, de resistência, de vingança, de desprezo; mas que coloquemos esses sentimentos de lado e vejamos o que realmente está aí.

Mas vale também o inverso em relação ao falarmos uns com os outros: é fácil pensar sem compromisso e nunca se decidir; é difícil tomar a decisão certa em meio à claridade do pensamento aberto para todas as possibilidades. É fácil usar a fala para se esquivar da responsabilidade; é difícil manter a decisão, mas sem renitência. É fácil a qualquer tempo seguir o caminho de menor resistência; é difícil manter o caminho decidido ao atravessar toda a mobilidade e a maleabilidade do pensamento conduzido pela decisão absoluta.

Adentramos o espaço das causas quando realmente conseguimos falar uns com os outros. Para tanto, sempre deve permanecer em nós algo que confia no outro e que merece confiança. Então, na fala alternada, torna-se possível aquele silêncio em que se escuta e se ouve conjuntamente o que é verdade.

Por isso, não fiquemos com raiva uns dos outros, mas tentemos encontrar o caminho juntos. A emoção depõe contra a verdade do falante. Não queremos bater no peito pateticamente para ofender o outro, não queremos enaltecer em autossatisfação aquilo que pretende ofender o outro. Mas não deve haver barreiras impostas por limites moderadores, nem benevolência por meio de omissão, nem consolo baseado em ilusão. Não há pergunta que não possa ser feita, não há obviedade cara, nem sentimento ou mentira que devam ser protegidos. Mas, principalmente, não deve ser permitido bater-se no rosto com ousadia em razão de juízos desafiadores, infundados e levianos. Nós somos um conjunto; precisamos sentir nossa causa comum quando dialogamos.

Nesses diálogos, ninguém é juiz do outro, todos são ao mesmo tempo réu e juiz. Por todos esses anos, ouvimos como foram desprezadas outras pessoas. Não queremos dar continuidade a isso.

Mas isso sempre funciona apenas em parte. Todos nós tendemos a nos justificar e a nos atacar, quando sentimos forças antagônicas, por meio de acusações. Hoje, mais do que nunca, precisamos nos examinar. Deixemos claro o seguinte: pelo andar das coisas, parece que sempre o sobrevivente tem razão. O sucesso parece confirmar isso. Quem está por cima acredita ter a seu lado a verdade de uma causa justa. Encontra-se aí a profunda injustiça da cegueira diante dos fracassados, dos impotentes, daqueles que sempre são pisoteados pelos acontecimentos.

É assim a todo tempo. Foi assim com o barulho prussiano-alemão depois de 1866 e 1870, que provocou o horror de Nietzsche. Foi assim também com o barulho ainda mais feroz do nacional-socialismo desde 1933.

Então, agora precisamos perguntar a nós mesmos se não estamos sucumbindo novamente a outro barulho, se não estamos ficando presunçosos, se não estamos nos concedendo uma legitimidade pelo simples fato de termos sobrevivido e sofrido.

Tenhamos claro o seguinte: o fato de vivermos e sobrevivermos não ocorre graças a nós; o fato de estarmos em novas situações com novas chances em meio à terrível destruição não foi conquistado com esforço próprio. Não nos atribuamos uma legitimidade que não é nossa de direito.

Como todo governo alemão hoje é um governo autoritário instituído pelos Aliados, então todo alemão, cada um de nós, hoje, deve seu espaço de atuação à vontade ou à permissão dos Aliados. Este é um fato cruel. Nossa honestidade nos obriga a não esquecê-lo nem um único dia. Ela nos protege da soberba, ensina-nos a humildade.

Hoje também, como a todo tempo, há pessoas indignadas, que acreditam ter razão e entendem como fruto de seu esforço aquilo que aconteceu por meio de outros.

Ninguém pode se esquivar totalmente dessa situação. Nós mesmos estamos indignados. Que a indignação se purifique. Nós lutamos pela purificação da alma.

Faz parte disso não apenas o trabalho da razão, mas, estimulado por ela, um trabalho do coração. Os senhores, que estão ouvindo esta preleção, estarão em sintonia comigo ou terão sentimentos contra mim, e eu mesmo não me movimentarei sem agitação nas profundezas de meu pensamento. Mesmo se nesta preleção unilateral não estamos falando de fato um com o outro, não posso evitar que um ou outro se sinta interpelado quase pessoalmente. De antemão, peço aos senhores: desculpem-me se ofendo. Não quero fazê-lo. Mas estou decidido a ousar os pensamentos mais radicais com a maior ponderação possível.

Quando aprendemos a falar uns com os outros, conquistamos mais do que a conexão entre nós. Criamos, assim, a base imprescindível para podermos falar com os outros povos.

É na abertura e na sinceridade plenas que residem não somente a nossa dignidade — que também é possível na impotência — mas também a nossa própria oportunidade. A questão que se coloca para todo alemão é se ele quer seguir por esse caminho, correndo o risco de todas as decepções, correndo o risco de mais perdas, e do cômodo abuso por parte dos poderosos. A resposta: esse caminho é o único que preserva a nossa alma de uma existência de pária. O que resultará desse caminho veremos adiante. É uma ousadia espiritual e política à beira do abismo. Se o sucesso for possível, então ele será somente a longo prazo. Ainda desconfiarão de nós por muito tempo.

Uma postura que silencia, orgulhosa, por um breve momento pode ser uma máscara justificada, atrás da qual se busca respirar e recobrar a consciência. Mas ela se transformará em autoengano e em astúcia diante do outro se for permitido esconder-se, renitente, em si mesmo, se ela impedir o esclarecimento para escapar da compungência da realidade. O orgulho que, erroneamente, se julga masculino e que, na verdade, se esquiva, toma o silêncio como a última postura de luta que ainda permanece em meio à impotência.

Falar um com o outro está difícil hoje na Alemanha, mas é a mais importante das tarefas, porque nós somos extremamente diferentes uns dos outros em tudo o que vivemos, sentimos, desejamos e fizemos. Debaixo da coberta de uma comunidade forçada pelo exterior, escondia-se aquilo que está cheio de possibilidades e que agora pode desabrochar.

Precisamos ver as dificuldades nas situações e posturas divergentes das nossas próprias e aprender a compartilhá-las.

Em linhas gerais, talvez nós, alemães, tenhamos em comum apenas coisas negativas: pertencermos a um povo de um Estado irremediavelmente derrotado, entregues à graça ou à desgraça dos vencedores; a falta de um chão comum que nos una a todos; a dispersão: cada um essencialmente só tem respaldo de si mesmo e, ainda assim, enquanto indivíduo, está desamparado. Comum a nós é a ausência de comunidade.

Em meio ao silêncio por baixo das falas niveladoras da propaganda pública desses doze anos, adotamos posturas internas muito diversas. Na Alemanha, não temos uma Constituição unificadora de nossas almas, juízos de valor e desejos em comum. Justamente porque aquilo em que acreditamos por todos esses anos, que julgávamos ser verdade, que para nós era o sentido da vida, era tão divergente, agora também a transformação precisa ser diferente para cada um. Todos nós nos transformamos. Mas não trilhamos todos o mesmo caminho em direção ao novo chão da verdade comum, buscado por nós e que nos unirá de novo. Numa tal catástrofe, cada um poderá se refundir num renascimento, sem temer tornar-se desonrado nesse processo.

O fato de eclodirem agora essas diferenças é consequência da impossibilidade de um debate público durante doze anos, e mesmo na vida privada tudo o que fosse oposição se limitava a conversas ultraparticulares, sendo que mesmo diante de amigos se era reticente. Público e geral — e por isso sugestivo e quase óbvio para a juventude que cresceu nesse contexto — era apenas o modo nacional-socialista de pensar e de falar.

Como hoje podemos falar livremente de novo, sentimo-nos como se viéssemos de mundos distintos. E, apesar disso, falamos todos a língua alemã, todos nascemos neste país e temos aqui a nossa pátria.

Queremos nos encontrar uns com os outros, conversar, buscar nos convencer.

Nossas concepções sobre os acontecimentos eram divergentes ao ponto da incompatibilidade: alguns vivenciaram a ruptura já em 1933 com a experiência da indignidade nacional, outros a partir de junho de 1934, outros ainda em 1938 com os *pogroms* judaicos, muitos a partir de 1942, quando a derrota era possível, ou então desde 1943, quando ela era certa, e alguns apenas em 1945. Para os primeiros, 1945 foi a libertação para novas possibilidades, já para os outros, foram os piores dias, por ser o fim do Reich supostamente nacional.

Alguns viram a origem da desgraça com radicalismo e tiraram as conclusões disso. Já em 1933, eles desejavam a intervenção e a entrada das Forças Ocidentais. Como agora as portas do presídio alemão estão trancadas, a libertação só poderá vir de fora. O futuro da alma alemã estava atrelado a essa libertação. Se a destruição da essência alemã não se completasse, então essa libertação deveria acontecer o mais rápido possível através dos Estados irmãos de mentalidade ocidental, em nome do interesse comum europeu. Essa libertação não aconteceu, mas o caminho levou até 1945, para a mais terrível destruição de todas as nossas realidades físicas e morais.

Mas essa concepção não é comum a todos nós. Além daqueles que viam ou ainda veem no nacional-socialismo a era de ouro, havia opositores ao nacional-socialismo que estavam convictos de que uma vitória da Alemanha de Hitler não teria como consequência a destruição da essência alemã. Antes eles viam numa vitória da Alemanha as bases de um grande futuro, porque acreditavam que uma Alemanha triunfante se livraria do partido, fosse imediatamente, fosse pela morte de Hitler. Eles não acreditavam na máxima de que todo poder de Estado só se segura pelas forças que o fundaram, e também não acreditavam que o terror, pela natureza da coisa, justamente depois da vitória seria inquebrável, que depois de uma vitória e depois da dispensa do Exército a Alemanha seria mantida sob controle pela SS como um povo escravo, para exercer um domínio mundial árido, aniquilador, desprovido de liberdade, em que tudo o que era alemão seria sufocado.

Em sua configuração especial, a miséria hoje é bem diferente. Certamente todos têm preocupações, limitações severas, sofrimento físico, mas trata-se de algo bem diferente: se alguém ainda tem casa e objetos de casa, ou se vive diante da perda de tudo por bombardeios; se alguém sofreu ou teve perdas na luta no *front*, em casa ou no campo de concentração; se foi perseguido pela Gestapo ou se foi beneficiário do regime mesmo com medo. Quase todos perderam amigos próximos ou parentes, mas a forma pela qual os perdeu — pela luta no *front*, por bombas, campos de concentração ou assassinatos em massa por parte do regime — tem como consequência posturas íntimas muito diferentes entre si. O sofrimento varia de acordo com o tipo. A maioria só entende realmente o próprio sofrimento. Todos tendem a interpretar grandes perdas e sofrimento como sacrifício, mas a razão desse sacrifício tem interpretações tão abissalmente distintas que num primeiro momento isso separa as pessoas.

Impactante é a diferença pela perda de uma fé. Apenas uma fé eclesiástica ou filosófica de base transcendente consegue manter-se ao longo de todas essas catástrofes. O que tinha validade no mundo esfacelou-se. O nacional-socialista devoto só consegue ir atrás de sonhos obsoletos através de pensamentos ainda mais absurdos do que aqueles do seu tempo de poder. O nacionalista encontra-se desorientado entre a rejeição do nacional-socialismo, que ele percebe, e a realidade da situação da Alemanha.

Todas essas diferenciações levam-nos constantemente à ruptura entre nós, alemães, e ainda mais porque falta à nossa existência a base comum ético-política. Temos apenas a sombra do chão político realmente comum, e poderíamos ser solidários permanecendo de pé sobre ele, mesmo nas disputas mais intensas. Falta-nos em grande medida falarmos uns com os outros e ouvirmos uns aos outros.

Isso ainda é agravado pelo fato de que tantas pessoas não querem pensar realmente. Elas buscam apenas palavras de ordem e obediência. Elas não perguntam e elas não respondem, a não ser pela repetição de fórmulas batidas. Elas só sabem afirmar e obedecer, e não examinar e reconhecer, e por isso também não podem ser convencidas. Como falar com pessoas que não querem ir aonde se examina e se raciocina, onde as pessoas buscam a sua autonomia por meio do reconhecimento e da convicção?

A Alemanha só poderá voltar a si se nós, alemães, nos encontrarmos na comunicação. Se aprendermos a realmente falarmos uns com os outros, nós o faremos apenas com a consciência de nossa grande diversidade.

Unidade por coerção de nada serve; ela se esvai como um clarão na catástrofe. Consenso através do diálogo e da compreensão leva à comunidade que se sustenta.

Quando representamos o típico, ninguém precisa se classificar. Quem se sentir representado o faz por conta e risco.

A questão da culpa

Praticamente o mundo inteiro levanta acusação contra a Alemanha e os alemães. Nossa culpa é abordada com consternação, com horror, com ódio, com desprezo. Quer-se punição e retratação. Não somente os vencedores, mas também alguns dentre os emigrantes alemães, até mesmo pertencentes a países neutros, participam disso. Na Alemanha há pessoas que reconhecem a culpa, incluindo a si próprias, e há muitas que se julgam livres de culpa, mas declaram outras culpadas.

Parece óbvio esquivar-se da questão. Vivemos na miséria, e uma grande parte da nossa população em miséria tão grande, tão imediata, que parece ter ficado insensível a tais abordagens. Interessa-lhes o que diminui a miséria, o que traz trabalho e pão, moradia e calor. O horizonte ficou estreito. Não se gosta de ouvir falar de culpa, de passado; a história mundial não é assunto meu. Simplesmente se quer parar de sofrer, sair da miséria, viver, mas não raciocinar. É esse o clima, é como se depois de um sofrimento tão terrível as pessoas devessem ser recompensadas, ou pelo menos consoladas, mas não como se além disso ainda ficassem carregadas de culpa.

No entanto, mesmo aquele que se sabe renunciar ao extremo, por alguns momentos sente a necessidade de uma verdade tranquila. O fato de à necessidade ainda unir-se a acusação não é indiferente e não é apenas objeto da má vontade. Queremos ter clareza sobre se essa acusação é justa ou injusta e em que sentido. Pois justamente nos momentos de necessidade o mais indispensável pode ser ainda mais tangível: tornar-se puro na própria alma, pensar e fazer o justo, para poder agarrar a vida na origem antes do Nada.

De fato, nós, alemães, sem exceção, temos a obrigação de ter clareza na questão da nossa culpa e de tirar as devidas conclusões. Nossa dignidade humana nos obriga a isso. O que o mundo pensa sobre nós não nos pode ser indiferente; pois nos sabemos pertencentes à humanidade; somos antes humanos e depois alemães. Mas é para nós ainda mais importante que a nossa própria vida, em miséria e dependência, só pode ter sua dignidade através da nossa honestidade perante nós mesmos. A culpa, antes de ser uma questão imposta pelos outros a nós, é uma questão de nós para nós mesmos. A forma pela qual respondemos a ela em nosso íntimo é o que fundamenta a nossa atual consciência existencial e nossa autoconsciência. É uma questão vital para a alma alemã. É só por meio dela que poderá acontecer uma virada que nos levará à renovação a partir da origem de nossa essência. As decretações de culpa por parte dos vencedores têm, é verdade, as maiores consequências para a nossa existência; elas têm caráter político, mas não nos ajudam no que é decisivo: a virada interior. Aqui, lidamos sozinhos. A filosofia e a teologia são invocadas para esclarecer a profundidade da questão da culpa.

As abordagens da culpa padecem de uma mistura de conceitos e pontos de vista. Para se tornarem verdadeiras, são necessárias diferenciações. Num primeiro momento, esboçarei essas diferenciações em um esquema para depois, com auxílio deste, esclarecer a nossa atual situação alemã. É bem verdade que essas diferenciações não têm valor absoluto. Ao final, a origem daquilo que chamamos de culpa é uma única, que tudo engloba. Mas isso só será esclarecido por meio do que se conquista percorrendo o caminho das diferenciações.

Nossos sentimentos obscuros não merecem confiança imediata. É verdade que o imediatismo é a verdadeira realidade, é o estado presente da nossa alma. Mas os sentimentos não estão lá simplesmente, como condições vitais; eles são mediados pela nossa ação interna, por nosso pensamento, nosso conhecimento. Eles são aprofundados e esclarecidos à medida que pensamos. Não se pode confiar no sentimento em si. Reportar-se a sentimentos é a inocência que se esquiva da objetividade do cognoscível e do pensável. É apenas após refletir e presentificar algo por todos os lados, sempre acompanhado, conduzido e atrapalhado por sentimentos, que chegamos ao verdadeiro sentimento, a partir do qual conseguiremos viver de forma confiável.

Esquema das diferenciações

1. Quatro conceitos de culpa

Devemos diferenciar entre:

1. *Culpa criminal*: crimes se configuram em ações objetivamente comprováveis que contrariam leis inequívocas. A *instância* é o *tribunal*, que num processo formal estabelece os fatos de forma confiável e aplica essas leis.
2. *Culpa política*: consiste nas ações dos homens de Estado e na minha cidadania de um Estado, em função das quais eu tenho que suportar as consequências dos atos desse Estado, a cujo poder me submeto e por cuja ordem eu vivo (responsabilidade política). Cada ser humano é corresponsável pelo modo como é governado. A *instância* é o poder e a *vontade do vencedor*, tanto na política interna quanto na externa. Quem decide é o sucesso. Uma diminuição da arbitrariedade e do poder acontece por meio da sabedoria política, que pensa nas demais consequências, e pelo reconhecimento de normas, que vigoram sob o nome de direito natural e direito internacional.
3. *Culpa moral*: tenho responsabilidade pelas ações que sempre cometo enquanto indivíduo, e a tenho por todas as minhas ações, inclusive pelas ações políticas e militares que executo. Nunca vale apenas "ordem é ordem". Como muitos crimes continuam sendo crimes mesmo tendo sido ordenados (apesar de que, dependendo do grau de perigo, de

chantagem e de terror, há circunstâncias atenuantes), toda ação permanece submetida também ao juízo moral. A *instância* é a *própria consciência* e a comunicação com o amigo ou com o próximo, o outro ser humano que, amoroso, se preocupa com a minha alma.

4. *Culpa metafísica*: Existe uma *solidariedade* entre pessoas enquanto pessoas, que torna cada um corresponsável por toda incorreção e toda a injustiça no mundo, especialmente por crimes que acontecem em sua presença ou que são do seu conhecimento. Se não faço o que posso para evitar isso, também tenho culpa. Se não dediquei minha vida a evitar o assassinato de outros, mas fiquei ali, sinto-me culpado de certa forma que não é compreensível do ponto de vista jurídico, político e moral. O fato de eu ainda estar vivo ao acontecer certa coisa deita-se sobre mim como uma culpa inextinguível. Como seres humanos, se não formos poupados disso por um golpe de sorte, chegamos a um limite, em que temos que fazer uma escolha: arriscar a vida incondicionalmente, sem objetivo, por não haver perspectiva de sucesso, ou preferir ficar vivo, pela impossibilidade de sucesso. O fato de vigorar em algum lugar entre as pessoas a incondicionalidade de viver apenas em comunidade ou então não viver — caso sejam cometidos crimes contra um ou outro, ou caso as condições de vida precisem ser divididas — é o que perfaz a substância de sua essência. Mas isso não se estende à solidariedade de todas as pessoas, nem de todos os cidadãos, nem mesmo de grupos menores, mas se restringe apenas à mais íntima ligação humana, e é o que perfaz essa culpa de nós todos — a *instância* é apenas Deus.

Essa diferenciação entre quatro conceitos de culpa esclarece o sentido de acusações. Dessa forma, por exemplo, a culpa política significa a responsabilidade de todos os cidadãos pelas consequências de atos do Estado, mas não significa a culpa criminal ou moral de cada cidadão em relação a crimes cometidos em nome do Estado. Sobre os crimes quem pode decidir é o juiz, sobre a responsabilidade política quem pode decidir é o vencedor; sobre a culpa moral, efetivamente só se pode falar em meio à luta com amor entre pessoas solidárias. Em relação à culpa metafísica, talvez a revelação seja possível em uma situação concreta, em obras poéticas e filosóficas, mas dificilmente na comunicação pessoal. Ela é mais profundamente consciente nas pessoas que alguma vez chegaram a essa incondicionalidade, mas que justamente por isso experimentaram o fracasso de não a manifestarem diante de todas as pessoas. Resta a vergonha por algo constantemente presente, no máximo a ser abordado de forma geral, algo não desvendável concretamente.

As diferenciações entre os conceitos de culpa devem nos proteger da superficialidade do falatório de culpa, em que tudo é levado para um único nível, sem gradações, para depois ser avaliado com rudeza bruta à moda de um juiz ruim. Mas no fim, as diferenciações deverão nos levar de volta àquela única origem, à qual é quase impossível referir-se simplesmente como sendo nossa culpa.

Por isso, todas essas diferenciações se transformam em engano quando não se tem consciência do quanto os conceitos que foram diferenciados também estão relacionados entre si. Todo conceito de culpa aponta para realidades que têm consequências para as esferas dos outros conceitos de culpa.

Se nós humanos pudéssemos nos libertar da culpa metafísica, seríamos anjos, e os outros três conceitos de culpa cairiam por terra.

Deslizes morais são justamente a razão para as circunstâncias em que brotam a culpa política e o crime. O cometimento dos inúmeros pequenos atos de negligência, de adequação conveniente, de justificação barata ou do imperceptível fomento do injusto, a participação na criação de uma atmosfera pública que dissemina falta de clareza, que é o que torna possível o mal — tudo isso tem consequências que ajudam a configurar a culpa política pelas situações e pelos acontecimentos.

Também faz parte da falha moral a falta de clareza sobre o significado do poder no convívio humano. O encobrimento desse fato básico também é uma culpa, da mesma forma que o é a falsa absolutização do poder como o único fator a determinar os acontecimentos. É fatal para todo ser humano enredar-se em relações de poder por meio das quais ele vive. É esta a inevitável culpa de todos, a culpa de ser humano. Ela é combatida pelo engajamento no poder que concretiza o direito, os direitos humanos. A omissão na colaboração na estruturação das relações de poder, na luta pelo poder no sentido de serviço em nome do direito, é uma culpa política de base, que é ao mesmo tempo uma culpa moral. A culpa política torna-se uma culpa moral quando, por meio do poder, o sentido de poder — a concretização do direito, o *ethos* e a pureza do próprio povo — é destruído. Pois quando o poder não coloca limites a si mesmo, teremos violência e terror, e o fim será a aniquilação da existência e da alma.

Da forma de conduzir a vida moral no cotidiano por parte da maioria dos indivíduos, em amplos círculos da população, é que brota o respectivo comportamento político e, com isso, o Estado político. Mas o indivíduo, por sua vez, vive sob a condição do Estado político já estabelecido historicamente, que se tornou real pelo *ethos* e pela política dos ancestrais e se tornou possível pela situação mundial. Aqui, existem as duas possibilidades opostas no esquema:

O *ethos* do político é o princípio da existência do Estado, do qual todos participam por meio da própria consciência, do conhecimento, da opinião e do querer. É a vida da liberdade política como movimento constante de declínio e progresso.

Essa vida é possível graças à dedicação e à oportunidade de corresponsabilidade de todos.

Ou então temos uma condição de estranheza da maioria em relação ao que é político. O poder do Estado não é sentido como causa própria. Não nos julgamos corresponsáveis, mas observamos com passividade política, trabalhando e agindo em obediência cega. Temos uma consciência tranquila, tanto na obediência quanto na não participação naquilo que os donos do poder decidem e fazem. Toleramos a realidade política como algo estranho a nós, procuramos lidar com ela por meio de artimanhas, em favor de vantagens pessoais, ou então vivemos no entusiasmo cego do sacrifício próprio.

É a diferença entre a liberdade política e a ditadura política. Mas geralmente não está mais na esfera dos indivíduos decidir qual dos estados deve predominar. O indivíduo nasce dentro dele, por sorte ou fatalidade; ele precisa assumir o que foi legado e que é real. Nenhum indivíduo ou grupo pode mudar de repente esse pressuposto, pelo qual de fato todos nós vivemos.

2. Consequências da culpa

A culpa tem consequências externas para a existência, não importando se o atingido entende isso ou não, e tem consequências internas para a autoconfiança, quando, ao tomar consciência da culpa, eu me vejo de forma transparente.

a) O crime encontra a sua *punição*. Pressuposto para tanto é o reconhecimento do culpado por parte do juiz na livre determinação de sua vontade, e não o reconhecimento do punido de estar sendo punido com razão.
b) Para a culpa política há *responsabilidade* e, como sua consequência, há reparação, além da perda ou limitação de

poderes e direitos políticos. Se a culpa política estiver associada a acontecimentos que levem a uma decisão por meio da guerra, a consequência para os derrotados pode ser: aniquilação, deportação e extermínio. Ou então o vencedor poderá, se quiser, transformar essas consequências em uma forma de direito e, assim, de medida.

c) A culpa moral suscita discernimento [*Einsicht*] e, com isso, *penitência e renovação*. Trata-se de um processo interno, que também terá consequências objetivas no mundo.

d) A culpa metafísica tem como consequência *uma transformação da autoconfiança humana diante de Deus*. Quebra-se o orgulho. Essa autotransformação por meio da ação interior pode levar a uma nova origem de vida ativa, mas associada a uma indelével consciência de culpa por meio da humildade, que se coloca diante de Deus e que mergulha toda a ação em uma atmosfera em que a soberba se torna impossível.

3. Violência. Direito. Clemência

Em tempos pacíficos, quase se esquece que entre os homens tudo se decide por meio da *violência* quando eles não se entendem, e que toda ordem estatal é a contenção dessa violência, mas de uma forma em que permaneça o monopólio do Estado — internamente, como direito imposto, e no exterior, como guerra.

No momento em que a situação de violência se instaura com a guerra, é suspenso o direito. Nós, europeus, tentamos, mesmo assim, manter vigente um resquício de direito e lei por meio das determinações do direito internacional, que também vigoram na guerra e que por fim foram decretadas nas Convenções de Haia e de Genebra. Parece ter sido em vão.

Onde se utiliza a violência desperta-se a violência. O vencedor decide o que vai acontecer com o derrotado. Vale o *vae victis*. O derrotado tem apenas a opção de morrer ou então agir e sofrer como o vencedor quiser. Desde sempre, preferiu-se a vida.

O direito é a ideia elevada dos homens que fundamentam a origem de sua existência, que, é bem verdade, só é garantida por meio da violência, mas não é determinada pela violência. Quando homens tomam consciência de seu estado de homens e reconhecem o humano como tal, eles compreendem os direitos humanos e se fundamentam em um direito natural, ao qual todos, vencedor e vencido, podem apelar.

Assim que surge a ideia de direito, pode-se negociar para encontrar o verdadeiro direito por meio da discussão e de um procedimento metódico.

O que é justo no caso de uma vitória total entre vencedor e vencidos, bem como para os vencidos, até hoje continua sendo um terreno muito limitado nos acontecimentos decididos pelos atos de vontade política. Estes se tornarão o fundamento de um direito positivo, fático, não sendo mais, eles próprios, justificados pelo direito.

O direito só pode se referir à culpa no sentido do crime e da responsabilidade política, mas não à culpa moral e metafísica.

Contudo, o reconhecimento do direito também pode ocorrer pela parte punida ou responsabilizada. O criminoso pode experimentar o fato de ser punido como honra e recuperação. Aquele que detém a responsabilidade política pode reconhecer o fato de ter que assumir a condição de sua existência como algo dado pelo destino.

Clemência é o ato que limita os efeitos do direito puro e da violência devastadora. Um humanismo permite perceber uma verdade maior do que aquela que existe na consequência linear, tanto do direito quanto da violência.

a) Apesar do direito, a misericórdia atua para abrir o espaço para uma justiça livre de leis. Pois todo estatuto humano está repleto de mazelas e injustiças em suas aplicações.
b) Apesar da possibilidade de violência, o vencedor exercita a clemência, seja por conveniência, pois os vencidos poderão servi-lo, seja por magnanimidade — porque deixá-los viver lhe dá uma sensação ampliada de poder e de medida, ou porque em sua consciência ele se submete às exigências de um direito natural humano em geral, que não tira todos os direitos nem do vencido nem do criminoso.

4. Quem julga e quem é julgado?

Em meio à chuva de pedra das acusações, perguntamo-nos: quem julga quem? Uma acusação só faz sentido quando é determinada pelo seu ponto de vista e pelo seu objeto, e se por isso for limitada; e é clara apenas quando se sabe quem é o acusador e quem é o acusado.

a) Estruturemos o sentido, num primeiro momento, a partir do fio condutor dos quatro tipos de culpa. O acusado ouve *as acusações de fora*, vindas do mundo, ou então *de dentro*, da própria alma.

Vindas de fora, elas só fazem sentido em relação aos crimes e à culpa política. Elas são expressas com a vontade de provocar o castigo e responsabilizar. Elas têm vigência jurídica e política, e não moral e metafísica.

De dentro, o culpado ouve as críticas em relação a seu fracasso e sua fragilidade metafísica, e, desde que aí esteja a origem de um agir ou não agir político ou criminoso, as críticas também concernem a estes.

Moralmente, só se pode atribuir culpa a si mesmo, e não ao outro; ou ao outro somente na solidariedade da luta travada com amor. Ninguém pode julgar o outro moralmente, a não ser que o julgue por uma ligação íntima, como se fosse ele próprio. Somente quando o outro for como eu mesmo para mim, teremos a proximidade que pode surgir em meio à livre comunicação de coisas em comum — o que, no final das contas, cada um realiza na solidão.

A culpa do outro não pode se referir a qualquer intenção, mas apenas a determinadas ações e formas de comportamento. No juízo individual, sempre se busca considerar a intenção e os motivos, mas na verdade só conseguimos isso na medida em que eles também sejam detectáveis a partir de evidências objetivas, isto é, de ações e formas de comportamento.

b) A pergunta que se faz é: em que medida um *coletivo* pode ser julgado, e em que medida se pode julgar o *indivíduo*? Sem dúvida, faz sentido tornar todos os cidadãos de um Estado responsáveis pelas consequências decorrentes dos atos desse Estado. Nesse caso, atinge-se um coletivo. No entanto, essa responsabilidade é determinada e limitada, sem acusação moral ou metafísica dos indivíduos. Ela também atinge aqueles cidadãos que se contrapuseram ao regime e aos atos em questão. Analogamente, há responsabilidades pelo pertencimento a organizações, partidos e grupos.

Por crimes cometidos só se pode punir o indivíduo, seja porque ele está sozinho, seja porque tem uma série de cúmplices que, cada um por si, são chamados para prestar contas de acordo com a extensão de sua participação e, no mínimo, pelo mero pertencimento a essa associação. Há junções de quadrilhas de ladrões, conspirações, que podem ser caracterizadas como criminosas. Nesse caso, a mera afiliação é passível de punição.

De qualquer modo, não faz sentido acusar um povo como um todo de ter cometido um crime. Criminoso é sempre apenas o indivíduo.

Também não faz sentido acusar moralmente um povo como um todo. Também não há caráter de um povo, na medida em que cada um pertencente a essa nação tem um caráter. Certamente há elementos em comum na língua, nos hábitos e nos costumes, na origem. Mas, nesse contexto, certamente são possíveis fortes diferenças, de modo que pessoas que falam a mesma língua podem continuar sendo estranhas umas para as outras, como se não pertencessem ao mesmo povo.

Moralmente, somente se pode condenar o indivíduo, nunca o coletivo. A forma de pensamento pela qual se observa, caracteriza e julga as pessoas em coletivos é incrivelmente difundida. Essas características — por exemplo, dos alemães, dos russos, dos ingleses — nunca correspondem aos conceitos de gênero específico sob os quais cada indivíduo pode ser categorizado, mas apenas a conceitos tipológicos aos quais eles correspondem em maior ou menor grau. A confusão entre a concepção de gênero específico e a tipológica é o sinal do pensamento em coletivos: *os* alemães, *os* ingleses, *os* noruegueses, *os* judeus — e assim aleatoriamente: os frísios, os bávaros — ou: os homens, as mulheres, a juventude, a idade avançada. O fato de se acertar algo a partir da concepção tipológica não deve induzir à opinião errônea de abarcar todos os indivíduos, quando se julga tê-los abarcado por meio daquela característica geral. Essa é uma forma de pensar que atravessa os séculos como uma via de ódio entre povos e grupos de pessoas entre si. Essa forma de pensar, infelizmente natural e óbvia para a maioria, foi utilizada pelos nacional-socialistas da maneira mais maléfica possível, sendo martelada na cabeça das pessoas por meio da propaganda. Era como se não houvesse mais pessoas, apenas aqueles coletivos. Um povo como um todo não existe. Todas as delimitações que venhamos a fazer para defini-lo serão ultrapassadas pelos fatos. A língua, a nacionalidade, a cultura — nada disso coincide, mas se entrecruza. Povo e Estado não se unificam, tampouco a língua e os destinos comuns ou a cultura.

Um povo não pode ser transformado em um indivíduo. Um povo não pode sucumbir heroicamente, não pode ser criminoso, não pode agir a favor ou contra os costumes, mas apenas alguns indivíduos em seu meio. Um povo como um todo não pode ser culpado ou inocente, nem no sentido criminoso, nem no político (nesse caso, somente os cidadãos de um Estado são responsáveis), nem no sentido moral.

A avaliação categorizada como "povo" é sempre uma injustiça; ela pressupõe uma falsa substancialização — ela tem como consequência a perda da dignidade do homem enquanto indivíduo.

A opinião mundial, no entanto, que atribui a um povo a culpa coletiva, é um fato do mesmo tipo daquele pensado e dito há milênios: os judeus são culpados pela crucificação de Jesus. Quem são os judeus? Um determinado grupo de pessoas política e religiosamente ativas que detinham certo poder em meio aos judeus, que em cooperação com as tropas de ocupação romanas levou à execução de Jesus.

A supremacia dessa opinião tornada óbvia, mesmo entre pessoas pensantes, é tão espantosa porque o engano é muito simples e evidente. É como se se estivesse diante de uma parede, como se nenhum motivo, nenhum fato, fosse mais ouvido, ou, se fosse ouvido, logo seria esquecido, sem ganhar crédito.

A culpa coletiva de um povo ou de um grupo em meio aos povos, portanto, *não pode existir* — além da responsabilidade política —, nem como culpa criminal, nem como culpa moral ou metafísica.

c) É preciso existir o direito à acusação e à crítica. *Quem tem o direito de julgar?* Todo aquele que julga pode ser exposto à pergunta que indaga que autoridade ele tem, para que finalidade e por que motivo ele julga, em que situação ele e o julgado estão frente à frente.

Ninguém precisa reconhecer na culpa moral e metafísica uma cadeira de juiz. Aquilo que é possível entre pessoas que se amam, com laços de proximidade, não é permitido na distância da análise fria. Por isso, o que vale diante de Deus não vale também diante dos homens. Porque Deus não tem nenhuma instância na terra que o represente, nem nos ofícios da igreja nem nos Ministérios das Relações Exteriores dos Estados, tampouco na opinião pública do mundo anunciada pela imprensa.

Quando se julga em situação de decisão sobre a guerra, o vencedor terá a absoluta primazia em relação à sentença sobre a responsabilidade política: ele deu a vida, e a decisão veio a seu favor. Contudo perguntamo-nos: "Será que alguém neutro poderia julgar diante da opinião pública, depois de falhar na batalha, não tendo engajado sua existência e sua consciência na causa principal?" (retirado de uma carta).

Quando entre companheiros de destino, hoje entre alemães, se fala de culpa moral e metafísica em relação ao indivíduo, então o direito ao julgamento se torna palpável na postura e no espírito daquele que julga: se ele fala de culpa que ele próprio carrega ou não, ou seja, se ele fala de dentro ou de fora como alguém que esclarece a si mesmo ou acusa — e assim, como um aliado da orientação para um possível autoesclarecimento dos outros, ou como estranho em mero ataque —, ou se ele fala como amigo ou inimigo. Apenas no primeiro caso ele terá um direito indubitável; já no segundo, o direito será questionável, no mínimo um direito limitado na medida de seu amor.

Mas, quando se fala de responsabilidade política e culpa criminal, em meio aos concidadãos todos têm o direito de abordar fatos e de discutir seu julgamento a partir de um padrão de determinações conceituais claras. A responsabilidade política tem gradações de acordo com a participação no regime agora basicamente negado, e é determinada por decisões do vencedor, às quais todo aquele que queria sobreviver em meio à catástrofe, justamente porque vive, logicamente precisa se submeter.

5. Defesa

Quando for levantada uma acusação, o acusado deverá ser ouvido. Quando se apelar para a justiça, haverá defesa. Quando for usada a violência, o violentado se defenderá, se puder.

Quando o irremediavelmente derrotado não puder se defender, não lhe resta — desde que queira permanecer vivo — nada além de suportar, assumir e reconhecer as consequências.

No entanto, quando o vencedor fundamenta sua ação e julga, a resposta não poderá ser nenhum tipo de violência, mas apenas o espírito impotente, desde que lhe seja dado espaço. A defesa é possível quando o homem pode falar. O vencedor restringe a violência assim que alça a ação para o nível do direito. Essa defesa tem as seguintes possibilidades:

1. Ela pode *insistir na distinção*. Por meio da distinção surgem a determinação e o alívio parcial da carga. A distinção suspende o totalitário, a crítica é limitada.

    A mistura leva à falta de clareza, e a falta de clareza, por sua vez, novamente terá consequências, seja de ordem útil ou prejudicial, ou pelo menos injusta. A defesa por meio de distinção fomenta a justiça.
2. A defesa pode apresentar, sublinhar e comparar *fatos*.
3. A defesa pode apelar ao *direito natural*, aos *direitos humanos*, ao *direito internacional*. Uma tal defesa sofre determinadas restrições:

a) Um Estado que fundamentalmente tenha violado o direito natural e os direitos humanos desde o início no próprio país, e que depois, na guerra, destruiu os direitos humanos e o direito internacional no exterior, não tem a seu favor o direito ao reconhecimento daquilo que ele mesmo não reconheceu.
b) De fato se tem direito quando ao mesmo tempo se tem o poder de lutar pelo direito. Onde há total impotência, há apenas a possibilidade de invocar mentalmente o direito ideal.
c) Quando o direito natural e os direitos humanos são reconhecidos, isso acontece somente pelo livre ato de vontade dos poderosos, dos vencedores. Trata-se de um ato que parte do reconhecimento e do ideal deles — uma misericórdia diante do derrotado na forma de concessão de direito.

4. A defesa pode mostrar em que pontos a acusação não mais ocorre de forma verossímil, mas está a serviço de outros, por exemplo, sendo usada *como arma* para fins políticos ou econômicos — por meio da mistura dos conceitos de culpa e da criação de uma opinião errada —, no intuito de estabelecer uma aprovação para si e, ao mesmo tempo, ter a consciência tranquila em relação aos próprios atos. Estes são justificados como direito, em vez de representarem atos claros do vencedor na situação do *vae victis*. Mas o mal é mau, mesmo quando exercido como retaliação.

   Críticas morais e metafísicas devem simplesmente ser descartadas como meios para fins de vontade política.
5. A defesa pode *rejeitar o juiz* — seja ele justificadamente declarado parcial, seja porque o caso não possa ser atribuído a um juiz humano.

Punição e responsabilidade — reparação — deverão ser reconhecidas, mas não a exigência de arrependimento e renascimento, que podem apenas vir de dentro. Contra essas exigências resta apenas a recusa por meio do silêncio. É importante não se desviar da real necessidade dessa inversão interior quando ela for exigida erroneamente como um feito externo.

São duas coisas diferentes: a consciência da própria culpa e o reconhecimento de uma instância no mundo como juiz. O vencedor em si ainda não é juiz. Ou ele mesmo procede a uma transformação da postura de luta e de fato ganha o direito em vez de mero poder, mais especificamente restrito à culpa criminal e à responsabilidade política — ou então ele se julga no falso direito de executar atos que, eles próprios, configuram uma nova culpa.

6. A defesa se serve da *contra-acusação*. Ela indica atos dos outros que foram a causa concorrente para o surgimento da desgraça; aponta atos semelhantes dos outros, que junto ao derrotado são tidos como crime e o são; identifica conexões mundiais gerais, que representam uma culpa conjunta.

As questões alemãs

A questão da culpa ganhou força pela acusação por parte dos vencedores e do mundo todo contra nós, alemães. Quando no verão de 1945 os cartazes com imagens e relatos de Belsen apareciam nas cidades e nos vilarejos, contendo também a frase decisiva: *isso é culpa de vocês!*, uma inquietação se apoderou das consciências, um horror tomou conta de muitos que, de fato, não sabiam daquilo, e então algo se rebelou: quem é que está me acusando? Não há assinatura, nenhum órgão, o cartaz parecia surgido de um espaço vazio. É uma característica humana em geral que o acusado, esteja ele sendo acusado com ou sem razão, busque se defender.

A questão da culpa em conflitos políticos é antiga. Ela desempenhava um papel importante, por exemplo, nas argumentações entre Napoleão e a Inglaterra, entre a Prússia e a Áustria. Talvez tenham sido os romanos os primeiros a exercerem a política com a reivindicação ao próprio direito moral e com a condenação moral dos adversários. Em oposição a isso, temos de um lado a imparcialidade dos objetivos gregos e, de outro, a autoacusação dos antigos judeus diante de Deus.

O fato de a declaração dos outros culpados, por parte das potências vencedoras, ter se tornado um meio da política, e depois ter se tornado impuro, ele próprio é uma culpa que perpassa a história. Após a Primeira Guerra Mundial, a questão da culpa pela guerra se resolveu no Tratado de Versalhes em desfavor da Alemanha. Mais tarde, historiadores de todos os países não registraram uma culpa única, unilateral. Naquela época, todos os lados "escorregaram" para dentro da guerra, como disse Lloyd George.

Mas hoje não é, de modo algum, como naquela época. A questão da culpa soa bem diferente de antigamente. Desta vez, a culpa pela guerra está evidente. A guerra foi desencadeada pela Alemanha de Hitler. A Alemanha carrega a culpa pela guerra por meio de seu regime, que começou a guerra no momento escolhido por ele, enquanto todos os outros não queriam.

Dizer "a culpa é de vocês" hoje significa muito mais do que a culpa pela guerra. Aquele cartaz já foi esquecido. Mas aquilo que descobrimos permaneceu: primeiro, a realidade de uma opinião mundial que nos condena como povo inteiro — e, segundo, a própria consternação.

A opinião mundial é importante para nós. São pessoas que pensam daquela forma sobre nós, e isso não nos pode ser indiferente. A culpa continua sendo um meio de política. Por sermos considerados culpados, merecemos — é essa a opinião — toda a desgraça que se abateu e ainda se abaterá sobre nós. Está aí uma justificativa para os políticos que despedaçam a Alemanha, limitam suas chances de reconstrução, deixam-na sem paz num estado entre vida e morte. Trata-se de uma questão política, que não temos que resolver e para cuja resolução pouco podemos contribuir com algo essencial — nem mesmo com nosso comportamento impecável. A questão que se propõe é se é politicamente sensato, adequado, seguro e justo transformar um povo inteiro num povo pária, diminuí-lo até abaixo do status de outros povos, continuar humilhando-o, mesmo depois de ele próprio ter entregado a sua dignidade. Não falaremos aqui sobre essa questão, nem sobre a questão política que pergunta se, e em que sentido, é necessário e adequado fazer confissões de culpa. Pode ser que permaneça o veredicto contra o povo alemão. Isso teria as consequências mais devastadoras para nós. Ainda temos a esperança de que a decisão dos homens de Estado e a opinião dos povos em algum momento sejam revisadas. Mas não temos que acusar, temos que aceitar. Nossa total impotência, para a qual o nacional-socialismo nos levou, e da qual não há saída na situação mundial hoje tecnicamente condicionada, nos obriga a isso.

No entanto, para nós é muito mais importante o modo como nós mesmos nos examinamos, como nos julgamos e nos purificamos. Aquelas acusações de fora não são mais assunto nosso. Por outro lado, as acusações internas, que há doze anos são ouvidas pelas almas alemãs, mais ou menos claras, pelo menos por alguns instantes, são a origem de nossa autoconsciência possível agora, através da qual, sejamos velhos ou jovens, nos transformamos por nós mesmos. Precisamos esclarecer a questão da culpa alemã. Isso diz respeito a nós mesmos. Isso acontece independentemente das críticas que vêm de fora, por mais que possamos usá-las como espelho.

Aquela frase "A culpa é de vocês" pode significar:

Vocês se responsabilizam pelos atos do regime que vocês toleraram — trata-se aqui da nossa culpa política.

É culpa de vocês que, além disso, vocês tenham apoiado o regime e participado dele — essa é a nossa culpa moral.

É culpa de vocês o fato de ficarem ali sem agir enquanto os crimes eram cometidos — esboça-se aí uma culpa metafísica.

Considero essas três frases verdadeiras, mas somente a primeira, sobre a responsabilidade política, pode ser dita realmente e é totalmente correta, ao passo que a segunda e a terceira, sobre a culpa moral e a metafísica em roupagem jurídica, tornam-se inverdades e afirmações grosseiras.

Além disso, "A culpa é de vocês" pode significar:

Vocês são participantes daqueles crimes e, por isso, são também criminosos. — Para a grande maioria dos alemães, isso evidentemente é falso.

E, por fim, pode significar: como povo vocês são menores, indignos, criminosos, um aborto da humanidade, diferentes de todos os outros povos. — Este é o pensamento e o julgamento por categorias coletivas que, submetendo cada indivíduo a um mesmo denominador comum, são radicalmente errados e, eles mesmos, desumanos.

Após esses breves comentários iniciais, olhemos mais de perto a questão.

I.
A diferenciação da culpa alemã

1. Os crimes

À diferença da Primeira Guerra Mundial, depois da qual não precisamos reconhecer por parte alemã crimes específicos cometidos por apenas uma outra parte (e que a pesquisa histórica científica, mesmo dos opositores da Alemanha, chegou à mesma conclusão), hoje estão claros os crimes do governo nazista, cometidos antes da guerra na Alemanha e durante a guerra em todos os lugares.

À diferença da Primeira Guerra Mundial, após a qual a questão da culpa pela guerra foi respondida pelos historiadores de todos os povos sem favorecer um dos lados, essa guerra foi iniciada pela Alemanha de Hitler.

À diferença da Primeira Guerra Mundial, por fim, essa guerra realmente se tornou uma guerra mundial. Ela encontrou o mundo em outra situação e em outro nível de conhecimento. Diante de outras guerras, seu sentido entrou em outra dimensão.

E hoje temos algo inteiramente novo na história mundial. Os vencedores constituíram um tribunal. Os Julgamentos de Nuremberg têm crimes por objeto. Num primeiro momento, isso leva a uma clara delimitação em duas direções:

1. Não é o povo alemão, mas indivíduos alemães acusados de crimes — basicamente, todos os líderes do regime nazista — que estão diante do tribunal. O promotor público norte-americano

fez essa delimitação desde o início. Em sua fala fundamental, Jackson afirmou: "Queremos esclarecer que não temos a intenção de acusar todo o povo alemão".
2. Os suspeitos não são acusados como um todo, mas devido a crimes específicos. Estes encontram-se definidos expressamente no Estatuto do Tribunal Militar Internacional:

1. Crimes contra a paz: planejamento, preparação, introdução ou execução de uma guerra, ou de uma guerra instaurada violando contratos internacionais (...).
2. Crimes de guerra: violações dos direitos de guerra, assassinatos, maus-tratos, deportações de membros da população civil da região ocupada para fins de trabalhos forçados, assassinato ou maus-tratos de prisioneiros de guerra, pilhagem de propriedade pública ou privada, destruição intencional de cidades ou vilarejos, ou toda devastação não justificada por necessidade militar.
3. Crimes contra a humanidade: assassinato, extermínio, escravização, deportação — cometidos contra qualquer população civil —, perseguição por motivos políticos, raciais ou religiosos cometidos por meio da execução de um crime pelo qual o Tribunal de Justiça é responsável.

Além disso, define-se o âmbito da responsabilidade. Líderes, organizações, provocadores e participantes que atuaram no planejamento e na execução de um plano conjunto, ou de um acordo para cometer um dos crimes citados anteriormente, são responsáveis por todos os atos cometidos por qualquer pessoa na execução de um desses planos.

Por isso, a acusação não se volta apenas contra pessoas individuais, mas também contra organizações que, como tais, devem ser julgadas criminosas: o Gabinete do Reich — o corpo da direção política do Partido Nacional-Socialista alemão — a SS — o SD — a Gestapo — a SA — o Estado-Maior — o Comando Supremo do Exército Alemão.

Nós, alemães, somos ouvintes nesse processo. Não fomos nós que o ensejamos, não somos nós a conduzi-lo, apesar de os acusados serem pessoas que nos levaram à desgraça. "Realmente, os alemães — não menos que o mundo lá fora — têm uma conta a acertar com os acusados", diz Jackson.

Muitos alemães se sentem ofendidos com esse processo. Esse sentimento é compreensível. Ele tem o mesmo motivo que, do outro lado, a acusação de todo o povo alemão pelo regime hitlerista e seus atos. Todo cidadão é corresponável e coatingido [*mitgetroffen*] por aquilo que o próprio Estado faz e sofre. Um Estado de criminosos é um fardo para o povo todo. Portanto, no tratamento dado aos próprios líderes de Estado, ainda que sejam criminosos, o cidadão se sente tratado da mesma forma. Por meio deles o povo também é condenado. Por isso, a ofensa e a indignidade naquilo que os líderes de Estado experimentam são sentidas pelo povo como ofensa e indignidade próprias. Isso explica a rejeição instintiva do processo, de início ainda irrefletida.

De fato, aqui há uma responsabilidade política dolorosa a ser assumida por nós. Precisamos experimentar a indignidade, desde que a responsabilidade política assim o exija. Experimentamos com isso nossa total impotência política e nossa exclusão como fator político.

No entanto, tudo depende de como concebemos, interpretamos, assimilamos e colocamos em prática nossa reação instintiva nesse processo.

Existe a possibilidade de descartar a ofensa incondicionalmente. Então, procuram-se motivos a partir dos quais todo o processo seja questionado em seu direito, em sua autenticidade, em seu objetivo.

1. São feitas observações de cunho geral: guerras atravessam toda a história e guerras estão por vir. Mas um povo não é culpado pela guerra. A natureza do homem, sua culpabilidade universal, é que leva às guerras. Trata-se de uma superficialidade da consciência, que declara a si mesma como livre de culpa. É uma autojustiça adotada por seu comportamento atual que fomenta guerras vindouras.

Em contraposição, podemos dizer: desta vez não há dúvida de que a Alemanha preparou a guerra conforme o plano e a iniciou sem provocação de outro lado. É bem diferente de 1914 — dá-se à Alemanha não a culpa pela guerra, mas por esta guerra. E esta guerra é mesmo algo novo e diferente numa situação histórico-mundial sem precedentes.

Esta crítica em relação aos Julgamentos de Nuremberg é formulada de outra forma, mais ou menos assim: há algo insolúvel na existência humana que sempre obriga a se chegar a uma decisão com uso de violência, algo que precisa ser realizado por "invocação aos céus". O soldado sente-se cavaleiro, e, mesmo enquanto vencido, ele ainda pode se ofender quando o interpelam como se não o fosse.

Em contraposição, podemos dizer: a Alemanha cometeu inúmeros atos que (para além de todo o cavalheirismo e contra o direito internacional) levaram ao extermínio de povos e a outros atos desumanos. Os atos de Hitler desde o início se voltavam contra qualquer possibilidade de reconciliação. Só havia vitória ou queda. Agora estão aí as consequências da queda. Toda exigência de cavalheirismo — mesmo com inúmeros soldados individuais e tropas inteiras livres de culpa e, por sua vez, tendo se portado sempre de forma cavalheiresca — cai por terra quando o Exército, enquanto organização de Hitler, assume executar ordens criminosas. Se o cavalheirismo e a magnanimidade foram traídos, eles não podem voltar a ser utilizados posteriormente em benefício próprio. Essa guerra não surgiu pela falta de saída opondo pares que caminham como cavaleiros para a batalha, mas em sua origem e execução foi um ardil criminoso e um totalitarismo irrefletido da vontade de aniquilação.

Mesmo na guerra existe a possibilidade de impedimentos. A máxima de Kant "Na guerra não pode haver atos que tornem simplesmente impossível uma conciliação posterior" foi descartada como princípio pela Alemanha de Hitler. Em consequência disso, a violência está aí sem limites, desde tempos imemoriais a mesma em sua essência, mas agora destinada pela técnica à amplitude de suas possibilidades de extermínio. Ter iniciado a guerra na atual situação mundial é o feito terrível.

2. Diz-se que o processo é uma vergonha nacional para todos os alemães. Se pelo menos houvesse alemães no tribunal, então o alemão seria julgado por alemães.

Em contraposição, podemos dizer: a vergonha nacional não está no tribunal, mas naquilo que levou a esse regime e seus atos.

A consciência da vergonha nacional é incontornável para o alemão. Ela vai na direção errada se se voltar contra o processo em vez de se voltar contra sua causa.

Além disso, a nomeação, por exemplo, de um tribunal alemão ou de observadores alemães por parte dos vencedores não mudaria nada. Eles não estariam no tribunal por força da autolibertação alemã, mas pela misericórdia do vencedor. A vergonha nacional permaneceria a mesma. O processo é o resultado do fato de que não nos libertamos do regime criminoso, mas dele fomos libertados pelos Aliados.

3. Uma objeção é: como se pode falar em crime no âmbito da soberania política? Se admitíssemos isso, o vencedor

poderia declarar o vencido como criminoso — então a autoridade, que vem de Deus, perde o sentido e o mistério. Homens aos quais um povo obedeceu — entre eles novamente no passado o imperador Guilherme II, agora o "Führer" — são tidos como sacrossantos.

Em contraposição, podemos dizer: trata-se de um hábito de pensamento vindo da tradição da vida política na Europa que permaneceu por mais tempo na Alemanha. Mas hoje a auréola em torno das cabeças de Estado desapareceu. São pessoas e se responsabilizam por seus atos. Desde que os povos europeus processaram seus monarcas e os decapitaram, a tarefa dos povos é manter a sua liderança sob controle. Atos de Estado são, ao mesmo tempo, atos pessoais. Pessoas como indivíduos respondem por eles e se responsabilizam por eles.

4. Juridicamente, fazemos a seguinte objeção: só pode haver crimes a partir do parâmetro das leis. A transgressão dessas leis é o crime. O crime precisa ser claramente definido e detectável inequivocamente como fato. Especialmente: *nulla poena sine lege*, isto é, só pode ser proclamada uma sentença de acordo com uma lei que existia antes da perpetração do crime. Em Nuremberg, porém, julga-se com base em leis de efeito retroativo, que os vencedores estabeleceram agora.

Em contraposição, podemos dizer: no âmbito da humanidade, dos direitos humanos e do direito natural, e no âmbito das ideias de liberdade e democracia do Ocidente, as leis a partir das quais se determinam os crimes já existem.

Além disso, existem tratados que, se assinados voluntariamente pelas partes, estabelecem um direito tal que se torna referência no caso de rompimento do tratado.

Mas onde está a instância? Na paz de uma ordem política, são os tribunais. Após uma guerra, só pode ser um tribunal do vencedor.

5. Por isso, mais uma objeção: o poder do vencedor não constitui um direito. O sucesso não é a instância para direito e verdade. Um tribunal que pudesse analisar objetivamente, condenar a culpa pela guerra e os crimes de guerra é impossível. Esse tribunal sempre seria parte interessada. Mesmo um tribunal composto por neutros seria parcial, pois os neutros são impotentes e, de fato, seguem os vencedores. Somente um tribunal que tivesse atrás de si um poder que pudesse impor, até mesmo com violência, a decisão às duas partes litigantes poderia julgar com liberdade.

A objeção da mera aparência desse direito continua: depois de toda guerra, a culpa é atribuída ao vencido. Ele é obrigado a reconhecer sua culpa. A exploração econômica que se segue a uma guerra é disfarçada de reparação de uma culpa. A pilhagem é mascarada e transformada em ato jurídico. Se não há direito livre, então melhor haver violência explícita. Isso seria honesto e seria mais fácil de suportar. Há somente o poder do vencedor. Em si, a acusação do crime é possível a qualquer tempo, mutuamente — mas apenas o vencedor pode executá-la; ele o faz sem restrições e exclusivamente segundo os padrões do próprio interesse. Todo o resto é disfarce daquilo que de fato é violência e arbitrariedade daquele que detém o poder para tanto.

O caráter ilusório do tribunal, por fim, fica evidente pelo fato de que os atos declarados como criminosos só vão ao tribunal quando cometidos por um Estado derrotado. Os mesmos atos por parte de Estados soberanos ou vencedores são esquecidos com silêncio, não são abordados, muito menos punidos.

Em contraposição, podemos dizer: poder e violência de fato são uma realidade decisiva no mundo dos homens. Mas não a única. A absolutização dessa realidade suspende todo vínculo confiável entre pessoas. Enquanto ela vigorar, não há possibilidade de contrato. Como Hitler, de fato, afirmou: tratados só valem enquanto corresponderem ao interesse próprio. E ele agiu de acordo com isso. Mas em oposição há a vontade que, apesar do reconhecimento da realidade do poder e da eficácia daquela concepção niilista, a considera como algo que não deveria ser e que, por isso, deve ser modificado com todas as forças.

Pois nas coisas humanas, a realidade ainda não significa verdade. A essa realidade, antes, deve-se contrapor outra realidade. E, se ela existe, isso depende da vontade do homem. Cada um, em meio à sua liberdade, deve saber onde está e o que quer.

A partir desse horizonte, pode-se dizer: o processo, como uma nova tentativa de fomentar a ordem no mundo, não perde o sentido se ele ainda não for capaz de se apoiar em uma ordem mundial legalmente estabelecida, se ele hoje ainda está necessariamente emperrado em contextos políticos. Ele ainda não se desenvolve como um processo no tribunal em meio a uma ordem constitucional fechada.

Por isso, Jackson afirmou abertamente: "Se fosse permitido à defesa desviar da culpabilidade, bem delimitada pela petição de acusação, o processo se estenderia por muito tempo e o tribunal entraria em questões políticas polêmicas e insolúveis".

Isso também significa que, por exemplo, a defesa não deve tratar da questão da culpa da guerra, imiscuída nos pressupostos históricos, mas deve apenas tratar da questão de quem começou essa guerra. Além disso, não haveria o direito de avaliar ou remeter a casos de crimes semelhantes — necessidades políticas colocam um fim às digressões. Mas não se deduz daí que com isso tudo fique sem autenticidade.

Ao contrário, as dificuldades e as objeções são expressas abertamente, mesmo que de forma breve.

É inegável a situação fundamental que o sucesso da luta, e não apenas a lei, é o ponto de partida dominante. Nas grandes esferas é como nas pequenas, o que no caso de crimes militares foi expresso ironicamente da seguinte forma: você não foi punido pela lei, mas porque deixou que o pegassem. Essa situação fundamental não significa que após o sucesso o homem não fosse capaz de, graças à sua liberdade, transformar a violência em uma concretização do direito. E, mesmo se isso não se realizar completamente, mesmo se o direito surgir somente em um escopo limitado, já se terá alcançado muito no caminho em direção à ordem mundial. A moderação enquanto tal cria um espaço de conscientização e verificação, de clareza, e com isso cria também de forma mais decisiva a consciência da importância permanente da violência em si.

Para nós, alemães, esse processo tem a vantagem de diferenciar entre determinados crimes dos líderes e o fato de não condenar o povo coletivamente.

Mas o processo significa muito mais. Pela primeira vez, e para o futuro, ele deverá declarar a guerra como crime e tirar as consequências disso. O que começou com o Pacto Kellogg deverá se realizar pela primeira vez. O tamanho da empresa deverá ser tão pouco questionado quanto a boa vontade dos muitos que dela participam. A empresa pode parecer fantástica, mas, quando fica claro para nós do que se trata, trememos por aquilo que acontece. A diferença é apenas se pressupomos em triunfo, niilisticamente, que deve ser um processo somente aparente, ou se desejamos ardentemente que dê certo.

Depende de como será executado, como será a execução do conteúdo, como serão seus resultados e suas justificativas, como o processo se fechará em um todo na memória retrospectiva. Depende de ver se o mundo pode reconhecer como verdade e justiça o que está sendo feito aqui — e se os vencidos não podem se esquivar de concordar —, e também se a história depois verá nisso justiça e verdade.

Mas isso não será decidido apenas em Nuremberg. Essencial é saber se os Julgamentos de Nuremberg se tornarão um elo na sequência de atos políticos construtivos e sensatos, por mais que muitas vezes venham entrecruzados por erros, insensatez, falta de cordialidade e ódio — ou, se a partir da medida que aqui for sobreposta à humanidade, as próprias potências que a construíram serão por fim rejeitadas por ela. As potências que instauram Nuremberg testemunham que querem o governo mundial em comunidade, que se submete à ordem mundial. Elas testemunham que querem realmente assumir a responsabilidade pela humanidade como resultado de sua vitória, e não somente por seus próprios Estados. Este testemunho não deve se revelar falso.

Ou se cria uma confiança no mundo de que em Nuremberg foi feita justiça e, com isso, uma base foi estabelecida; nesse caso, o processo político terá se transformado em um processo jurídico, o direito terá sido fundado e concretizado de forma criativa para um mundo novo, a ser construído agora — ou então a decepção pela falta de verossimilhança [*Unwahrhaftigkeit*] criaria um clima mundial pior, que fomentaria novas guerras ainda piores; em vez de se tornar uma bênção, Nuremberg se tornaria antes um fator de ruína; o mundo, por fim, julgaria o processo como um processo de aparências, um processo-espetáculo. Isso não pode acontecer.

Portanto, diante de todas as críticas ao processo, pode-se dizer: no caso de Nuremberg, trata-se de algo realmente novo. É fato inegável que tudo o que foi dito nas objeções é um perigo possível. Mas, primeiramente, são falsas as alternativas pelas quais lacunas, erros e problemas isolados levam logo ao descarte sumário, quando o que interessa é a direção das negociações, é a paciência irredutível das potências em sua responsabilidade ativa. As contradições pontuais devem ser superadas pelos atos em direção a uma ordem mundial em meio às confusões. É falso também o estado de agressividade indignada, que de antemão diz não.

O que acontece em Nuremberg, por mais que esteja exposto a múltiplas objeções, é um presságio, mesmo que obscuro e dúbio, da ordem mundial que está se tornando palpável como necessária para a humanidade. É esta a situação totalmente nova: a ordem mundial de modo algum está iminente — muito pelo contrário, pois, antes de se concretizar, há ainda imensos conflitos e perigos de guerra imponderáveis —, mas, para a humanidade pensante, ela pareceu possível, surgindo no horizonte como uma aurora praticamente imperceptível; enquanto no caso do fracasso da ordem, a autodestruição da humanidade aparecerá diante de nossos olhos como terrível ameaça.

O mais impotente tem como único ponto de sustentação o mundo como um todo. Diante do Nada, ele busca a origem e aquilo que tudo engloba. Por isso, justamente para o alemão, poderia ficar claro o extraordinário sentido desse presságio.

Nossa própria salvação no mundo está condicionada pela ordem mundial, que ainda não está constituída em Nuremberg, mas para a qual Nuremberg aponta.

2. A culpa política

Pelos crimes, a punição atinge o criminoso. Ao se restringir aos criminosos, os Julgamentos de Nuremberg desoneram o povo alemão. Mas não de modo que este ficasse livre de toda a culpa. Ao contrário. Nossa culpa, de fato, se torna mais evidente em sua essência.

Éramos cidadãos alemães quando os crimes foram cometidos pelo regime que se denominava alemão e que reivindicava ser a Alemanha, e que, além disso, parecia ter esse direito, pois tinha o poder do Estado nas mãos, e até 1943 não encontrou nenhuma oposição perigosa.

A destruição de toda e qualquer essência de Estado decente e verdadeiramente alemã teve sua origem também no comportamento da maioria da população alemã. Um povo é responsável por sua cidadania.

Diante dos crimes cometidos em nome do Estado alemão, todo alemão é corresponsável. Nós nos responsabilizamos "coletivamente". A questão é em que sentido cada um de nós precisa se sentir responsável. Sem dúvida no sentido político da corresponsabilidade de cada cidadão pelos atos cometidos pelo Estado ao qual ele pertence. Mas por isso não necessariamente no sentido moral da participação factual ou intelectual dos crimes. Será que nós, alemães, devemos ser responsabilizados pelos crimes que foram impingidos a nós por alemães, ou dos quais escapamos como por milagre? Sim — desde que tenhamos tolerado que tal regime tenha surgido entre nós. Não — desde que na essência mais íntima tenhamos sido opositores de todo esse mal e não precisemos reconhecer em nós uma culpa moral por qualquer ato ou por qualquer motivação. *Tornar responsável não significa reconhecer como sendo moralmente culpado.*

Portanto, a culpa coletiva existe necessariamente como responsabilidade política dos cidadãos, mas por isso não no mesmo sentido da culpa moral e metafísica, e não como culpa criminal. É bem verdade que assumir a responsabilidade política é uma tarefa árdua em suas consequências terríveis, mesmo para cada um individualmente. Para nós, significa total impotência política e uma pobreza que nos obriga por muito tempo a viver com fome e com frio ou no limite disso, ou ainda em meio a esforços inócuos. Contudo, essa responsabilidade enquanto tal não afeta a alma.

No Estado moderno, todos agem politicamente, no mínimo ao votarmos nas eleições ou deixando de votar. O significado da responsabilidade política não permite que ninguém desvie para escapar.

Os politicamente ativos costumam se justificar tardiamente quando não deu certo. Mas na atividade política essas defesas não têm validade.

Diz-se que a intenção era boa, que se queria o bem. Que Hindenburg, por exemplo, não queria arruinar a Alemanha, que não queria entregá-la a Hitler. Isso não o ajuda em nada, pois ele o fez, e é isso que importa na política.

Ou então: viu-se a desgraça, foi dito e foi avisado. Mas isso não vale na política se disso não resultaram ações e se as ações não tiveram sucesso.

Pode-se pensar: deve haver pessoas totalmente apolíticas, que levam uma vida apartada, como monges, ermitões, sábios e pesquisadores, artistas. Se eles fossem realmente apolíticos, não carregariam também a culpa.

Mas a responsabilidade política também os atinge, porque eles também têm a vida regida pela ordem do Estado. Não existe um "de fora" nos Estados modernos.

É verdade que se gostaria de tornar possível a alienação, mas só se pode fazê-lo com essa limitação. Queremos reconhecer e amar uma existência apolítica. Mas, com o cessar da participação política, os apolíticos também não teriam o direito de opinar sobre atos políticos concretos do cotidiano e, com isso, de praticar eles próprios uma política segura. Um âmbito apolítico exige também um autodesligamento da eficácia política de todo tipo — e, mesmo assim, não se suspende como um todo certa corresponsabilidade política.

3. A culpa moral

Todo alemão examina a si mesmo: qual é a minha culpa?

A questão da culpa em relação ao indivíduo, desde que ele mesmo se examine, é a que chamamos de culpa moral. É aqui que existem as maiores diferenças entre nós, alemães.

Certamente, a decisão na sentença pesa sobre cada um individualmente, mas, enquanto estivermos em comunicação, podemos falar uns com os outros e nos ajudarmos moralmente a ter clareza. Mas a condenação moral do outro fica em suspenso — não a criminal, nem a política.

O limite em que também falta a possibilidade de uma sentença moral é aquele em que sentimos que o outro não parece querer fazer menção de uma autoavaliação moral — quando na argumentação percebemos apenas sofística, quando o outro parece nem ouvir. Hitler e seus cúmplices, essa pequena minoria de dezenas de milhares, estão fora da culpa moral enquanto não a sentirem de modo algum. Eles parecem incapazes de arrependimento e de transformação. Eles são como são. Diante de pessoas assim, só resta a violência, porque elas mesmas só vivem através da violência.

Mas a culpa moral existe em todos aqueles que dão espaço à consciência e ao arrependimento. Moralmente culpados são aqueles capazes de penitência, aqueles que sabiam ou podiam saber e ainda assim trilharam caminhos que na autoanálise entendem como uma errância culpada — seja porque escondiam confortavelmente de si mesmos o que aconteceu, seja porque se deixaram anestesiar e seduzir, se deixaram comprar por vantagens pessoais, ou porque obedeciam por medo. Vejamos algumas dessas possibilidades mais de perto:

a) A *vida na máscara* — incontornável para aquele que queria sobreviver — carregava a culpa moral. Declarações falsas de lealdade diante de instâncias ameaçadoras como a Gestapo — gestos como a saudação hitlerista, participação em reuniões e muito outros atos que traziam a aparência de se estar ali presente —, quem de nós em algum momento não teria essa culpa na Alemanha? Só o esquecido pode se iludir com isso, porque quer se iludir. A camuflagem fazia parte do traço fundamental de nossa existência. Ela é um peso na nossa consciência moral.

b) Mais turbulenta para o momento da descoberta é a culpa por meio de uma *falsa consciência*. Não são poucos os jovens que acordam com a percepção assustadora: minha consciência me traiu — em que mais ainda posso confiar? Eu acreditava estar me sacrificando pelo mais nobre dos objetivos e por querer o melhor. Todo aquele que assim despertar examinará a si mesmo e verificará onde havia culpa: na falta de clareza, no não querer ver, ou no encerramento consciente do isolamento da própria vida em uma esfera "decente".

Aqui, devemos distinguir primeiramente entre a *honra soldadesca* e o sentido político. Pois a consciência da honra soldadesca permanece intocada por todas as discussões de culpa. Aquele que foi fiel na camaradagem, firme no perigo, e se afirmou pela coragem e objetividade, pode preservar algo de intocável em sua autoconsciência. Esse elemento puramente soldadesco e ao mesmo tempo humano é comum a todos os povos. Aqui, a provação não apenas não é culpa, mas um fundamento do sentido da vida, nos momentos em que foi verdadeira, imaculada por atos maus ou execução de ordens evidentemente más.

Contudo, a provação soldadesca não pode ser identificada com a causa pela qual se lutou. A provação soldadesca não anula a culpa por todo o resto.

A identificação incondicional do Estado de fato com a nação alemã e com o Exército é uma culpa de falsa consciência.

Aquele que foi impecável como soldado pode ter sucumbido à contrafação da consciência. Assim foi possível que a partir de um patriotismo se fez e se suportou o que aparentemente era mau. Por isso, a consciência tranquila em maus atos.

Mas o dever em relação à pátria é muito mais profundo do que pode alcançar uma obediência cega diante da respectiva autoridade. A pátria não é mais pátria quando sua alma é destruída. O poder do Estado não é um objetivo em si; antes é destrutivo quando aniquila a essência alemã. Por isso, o dever diante da pátria de modo algum levou consequentemente à obediência a Hitler e ao fato evidente de que, enquanto Estado de Hitler, a Alemanha necessariamente venceria a guerra. É aqui que se encontra a falsa consciência. Não é apenas uma culpa simples. É, ao mesmo tempo, a confusão trágica justamente de uma grande parte da juventude ingênua. O dever diante da pátria é o empenho do homem em sua integridade para os anseios mais elevados, como falam a nós os melhores de nossos antepassados, e não os ídolos de uma falsa tradição.

Por isso, o mais espantoso foi observar como ocorreu, apesar de todo o mal, a autoidentificação com o Exército e com o Estado. Pois esse valor absoluto de uma concepção nacional cega — compreensível apenas como o último terreno podre de um mundo que vem perdendo a fé — na consciência tranquila também é culpa moral.

Essa culpa, além disso, foi possível devido à palavra bíblica mal compreendida: sê submisso à autoridade que tem poder sobre ti — foi totalmente degenerada na curiosa santidade da ordem de tradição militar. "É uma ordem", isso soava e soa patético para muitos, na medida em que expressa um dever supremo. Mas essa expressão, ao mesmo tempo, trouxe um alívio quando dando de ombros deixava valer o mal e a estupidez como inevitáveis. Esse comportamento tornou-se no sentido moral plenamente culpado em sua obsessão pela obediência; esse comportamento impulsivo que se sente com a consciência tranquila, mas que na verdade abre mão de toda consciência.

Depois de 1933, diante do nojo em relação ao domínio nazista, muitos seguiram a carreira de oficial, porque ali parecia reinar a única atmosfera decente, sem a influência do partido, numa postura contra o partido e aparentemente existindo pela própria força, sem partido. Isso também foi um erro de consciência: depois do desligamento de todos os generais autônomos da tradição antiga, o derradeiro abandono moral dos oficiais alemães em todas as posições de liderança acabou se manifestando em suas consequências — apesar das inúmeras personalidades soldadescas encantadoras, até mesmo nobres, que aqui buscaram a salvação em vão, liderados por uma consciência ilusória.

Justamente porque no começo a consciência honesta e a boa vontade lideravam, a decepção e principalmente a autodecepção devem ter sido ainda mais fortes. Isso põe à prova até mesmo a fé, perguntando como sou responsável pelo meu engano, pela ilusão a que sucumbo.

O despertar e a autoanálise dessa ilusão são fundamentais. É por meio disso que nos transformamos de jovens idealistas em homens, alemães corretos, moralmente confiáveis e politicamente definidos, que agora humildemente assumem o destino que lhes foi imputado.

c) A tolerância parcial ao nacional-socialismo, esse *meio-termo* e o eventual *alinhamento interno* e a acomodação, era uma culpa moral sem traço algum de tragicidade, própria dos tipos anteriores de culpa.

A argumentação: mas também há algo de bom ali — essa disposição ao reconhecimento supostamente justo — era disseminada entre nós. Apenas o oito ou oitenta radical podia ser verdade. Se eu reconheço o princípio mau, então tudo é ruim, e as consequências aparentemente boas, elas próprias, não são aquilo que parecem ser. Justamente porque essa objetividade errônea estava disposta a reconhecer o lado supostamente bom no nacional-socialismo, naquele momento bons amigos tornaram-se estranhos uns para os outros, não se podia mais falar abertamente com eles. O mesmo que acabara de se queixar que não surgia um mártir sacrificando-se a favor da antiga liberdade e contra a injustiça agora louvava a suspensão do desemprego (por meio do armamento e de uma economia financeira fraudulenta) como um grande mérito. Saudava em 1938 a anexação da Áustria como realização do antigo ideal da unidade do Reich, questionava a neutralidade da Holanda em 1940 e justificava o ataque de Hitler. E, principalmente, alegrava-se com as vitórias.

d) Alguns se entregaram à cômoda *autoilusão*: eles mudariam aquele Estado mau, o partido desapareceria de novo, no mais tardar com a morte do Führer. Agora era preciso estar ali presente, para de dentro influenciar as coisas para o lado do bem. Eram essas as conversas típicas.

Com os oficiais: "Vamos eliminar o nacional-socialismo após a guerra, justamente com base na nossa vitória; agora, trata-se de ficarmos unidos, de levar a Alemanha à vitória. Quando a casa está pegando fogo, primeiro se apaga o fogo, e depois se pergunta quem o causou". — Resposta: depois da vitória, vocês serão dispensados, podem ir para casa, mas a SS ficará com as armas e o regime de terror do nacional-socialismo se transformará em um Estado escravagista. Não será mais possível qualquer vida humana própria. Pirâmides são erguidas, ruas e cidades são construídas e reconfiguradas de acordo com o humor do Führer. Desenvolve-se um incrível maquinário armamentista para a conquista definitiva do mundo.

Com os docentes: "No partido, nós somos a oposição. Nós ousamos o livre debate. Nós conseguimos a realização intelectual. Lentamente, reconquistaremos aquilo tudo e chegaremos de novo à antiga espiritualidade alemã". — Resposta: vocês estão enganados. Deixam vocês na rédea solta em liberdade, com a condição de obediência a qualquer tempo. Vocês se calam e cedem. A luta de vocês é a aparência desejada pela liderança. Vocês apenas contribuem para o túmulo do espírito alemão.

Muitos intelectuais participaram em 1933 desejando para si postos de liderança. Publicamente, e em sua visão de mundo, tomaram partido pelo novo poder — e depois, colocados pessoalmente de lado, ficaram irritados, mas ainda permaneciam positivos; até que o curso da guerra a partir de 1942 tornou visível o resultado desfavorável que agora os transformava totalmente em opositores. Estes têm a sensação de terem sofrido sob os nazistas e, por isso, de serem os eleitos para o que viria. Eles próprios se julgam antinazistas. Por todos esses anos, havia uma ideologia desses nazistas intelectuais: por meio de questões espirituais, eles expressariam a verdade livremente — eles preservavam a tradição do espírito alemão — eles evitavam destruições — eles causavam entusiasmo em cada indivíduo.

Entre eles, talvez encontremos alguns que sejam culpados pela imutabilidade de sua forma de pensar que, sem ser idêntica a doutrinas partidárias, se prende, porém, à postura interna do nacional-socialismo, fingindo uma transformação e uma oposição, sem esclarecer a si mesmos. Com essa forma de pensar, talvez eles originalmente sejam aparentados com aquilo que no nacional-socialismo foi a essência desumana, ditatorial, niilista e contrária à existência. Quem, por ser pessoa madura em 1933, possuía interiormente a convicção de que não tinha suas raízes apenas em um erro político, mas em um sentimento existencial aumentado pelo nacional-socialismo, não se tornará puro, exceto por uma refundição, que talvez deva ir mais fundo que todas as outras. Quem se comportou dessa forma em 1933 ficaria sem isso alquebrado interiormente e tendendo a mais fanatismos. Quem participou da obsessão racista, quem tinha ilusões de uma reconstrução fundada em mentiras, quem já naquela época aceitava crimes cometidos não apenas é responsável, mas precisa se renovar moralmente. Se é capaz de fazê-lo e como o fará é assunto exclusivo seu, e difícil de avaliar de fora.

e) Há uma diferença entre os *ativos* e os *passivos*. Aqueles que tomam decisões políticas e as executam, os líderes e os propagandistas são culpados. Se não se tornaram criminosos, eles mesmo assim têm uma culpa positivamente determinável por meio de sua atividade.

Porém, cada um de nós tem culpa na medida em que permanece inativo. A culpa da passividade é diferente. A impotência perdoa; não se exige moralmente a morte efetiva. Platão achava óbvio esconder-se e sobreviver em tempos de desgraça e de situações desesperadoras. Mas a passividade sabe de sua culpa moral pelo fracasso oriundo da negligência, por não ter tomado toda e qualquer atitude possível de contra-ataque para proteger os ameaçados, para aliviar a injustiça. Mesmo ao se contentar com a impotência, sempre restou um espaço para a ação que, se não era desprovida de perigo, pelo menos com cuidado poderia ser eficaz. Ter deixado isso escapar por medo é o que cada um reconhecerá como sua culpa moral: a cegueira diante da desgraça dos outros, essa falta de imaginação do coração, e a indiferença interior diante do desastre que se viu.

f) A culpa moral por seguir ordens externas, um *conformismo*, de certa maneira é algo que muitos de nós temos em comum. Para se afirmar na vida, para não perder o emprego, para não anular as chances, as pessoas viravam membros do partido e efetuavam outras afiliações.

Ninguém encontrará uma desculpa definitiva para isso, considerando a grande quantidade de alemães que de fato não se conformou e assumiu os prejuízos daí decorrentes.

Precisamos ter em mente qual era a situação em 1936 ou em 1937, por exemplo. O partido era o Estado. A situação parecia estável, sem previsão de mudança. Somente uma guerra derrubaria o regime. Todas as potências compactuaram com Hitler. Todos queriam a paz. O alemão que não quisesse ficar totalmente à parte ou perder o emprego ou prejudicar os negócios precisava se adequar, especialmente os jovens. Então pertencer ao partido ou a associações profissionais não era mais apenas um ato político, mas antes um ato de misericórdia do Estado, que aceitava a pessoa em questão. Era necessário ter um "distintivo", externo, sem a concordância interna. Aquele que era intimado a se associar dificilmente poderia dizer não. Para saber o sentido do conformismo, é decisivo saber em que contexto e por que motivos alguém se tornava membro do partido. Cada ano e cada situação têm suas desculpas específicas e suas cargas específicas, que só podem ser diferenciadas em cada caso individual.

4. A culpa metafísica

A moral sempre é definida também pelos objetivos mundanos. Moralmente, posso estar comprometido em arriscar minha vida quando se tratar de uma realização. Mas moralmente não há exigência de sacrificar a vida na certeza de que com isso nada ganharei. Moralmente existe a exigência do risco, mas não a exigência da opção por uma derrocada certa. Moralmente em ambos os casos se exige, antes, o contrário: não executar o que não faz sentido para os objetivos concretos, mas se preservar para realizações no mundo.

Contudo, há uma consciência de culpa em nós que tem outra fonte. A culpa metafísica é a falta de solidariedade absoluta com o ser humano como tal. Ela permanece como uma reivindicação indelével mesmo no ponto em que a exigência moralmente pertinente já cessou. Essa solidariedade foi ferida no momento em que estou presente quando acontecem injustiça e crime. Não basta que eu arrisque minha vida com cuidado para evitar isso. Se isso acontece e eu estive presente e sobrevivi quando o outro foi morto, então dentro de mim há uma voz que me faz saber: o fato de eu ainda estar vivo é culpa minha.

Quando em novembro de 1938 as sinagogas estavam em chamas e pela primeira vez judeus foram deportados, diante desses crimes havia principalmente culpa moral e culpa política. As duas formas de culpa eram daqueles que ainda detinham o poder. Os generais estavam ali. Em cada cidade, o comandante podia interferir quando aconteciam crimes. Pois o soldado está ali para proteger a todos quando ocorrem crimes dessa dimensão, em que a polícia fracassa ou não tem como evitá-los. Eles não fizeram nada. Nesse momento, eles abriram mão da antes gloriosa tradição moral do exército alemão. Não lhes dizia respeito. Eles tinham se desprendido da alma do povo alemão em benefício de um maquinário totalmente sustentado por regras próprias, que obedece a ordens.

Em meio à nossa população, certamente muitos ficaram indignados, muitos profundamente tocados por um horror em que havia o pressentimento da desgraça vindoura. Mas muitos outros mantinham suas atividades sem interrupção, sua vida social e suas diversões, como se nada tivesse acontecido. Isso é culpa moral.

Contudo, aqueles que em total impotência e desespero não conseguiram impedir aquilo, deram um passo em sua transformação pela consciência da culpa metafísica.

5. Resumo

a) Consequências da culpa

O fato de nós, alemães, de cada alemão, sermos culpados de alguma forma é indubitável, partindo do pressuposto de que nossas explanações não foram de todo desprovidas de fundamento. Como consequência:

1. Todo alemão, sem exceção, tem parte da responsabilidade política. Ele precisa participar ativamente da reparação, colocada na forma legal. Ele precisa sofrer com os efeitos dos atos dos vencedores, suas decisões e sua desunião. Não somos capazes de ter influência aqui enquanto fator de poder.

    Somente com um esforço constante e uma apresentação sensata dos fatos, das oportunidades e dos perigos poderemos reunir as condições necessárias para colaborar com as decisões. Podemos nos dirigir aos vencedores de forma adequada e apresentar motivos.
2. Não são todos os alemães, aliás, é uma pequeníssima minoria de alemães que deve ser punida por crimes; uma outra minoria deve se penitenciar pela atividade nacional-socialista. Todos podem se defender. Os tribunais dos vencedores ou as instâncias alemãs por eles instituídas julgarão.
3. Certamente todo alemão — embora de formas totalmente diferentes — tem motivo para autoanálise do ponto de vista moral. Aqui, porém, ele não precisa reconhecer nenhuma instância além de sua própria consciência.
4. Certamente todo alemão que compreende as coisas transforma sua consciência da existência e a consciência de si mesmo diante das experiências metafísicas de tamanha desgraça. A forma pela qual isso acontece ninguém pode exigir nem antecipar. Isso é assunto de cada um, em sua solidão.

O que nascerá daí precisa criar uma base para aquilo que no futuro será a alma alemã.

As diferenciações podem ser usadas de forma sofística para se libertar de toda a questão da culpa; por exemplo:

Responsabilidade política: sim, mas ela apenas limita meus recursos materiais, eu mesmo em meu interior não sou afetado por isso.

Culpa criminal: ela só atinge a poucos, não a mim — não me diz respeito.

Culpa moral: fiquei sabendo que só a própria consciência é a instância, os outros não podem me criticar. Minha consciência certamente me tratará de forma gentil. Não é tão grave assim — ponto-final e vida nova.

Culpa metafísica: a respeito dela me foi dito que ninguém pode imputá-la completamente ao outro. Eu devo percebê-la em uma transformação. Isso é uma ideia louca de algum filósofo. Não existe uma coisa dessas. E, se realmente existir, eu não percebo nada. Posso deixar por isso mesmo.

Nossa dissecação dos conceitos de culpa pode se tornar um truque para se livrar da culpa. As diferenciações colocadas em primeiro plano podem encobrir a origem e a unidade da culpa.

b) A culpa coletiva

Após separarmos os aspectos da culpa, ao final retornamos à questão da culpa coletiva.

Aquela separação, que em todos os lugares era correta e coerente, traz a tentação descrita anteriormente, como se a partir dessas separações pudéssemos nos esquivar da acusação e tivéssemos aliviado o fardo que ela traz. Nesse contexto, porém, perdeu-se algo que na culpa coletiva, apesar de tudo, não há como não ouvir. A crueza do pensamento em categorias coletivas e da condenação de coletivos não impede nosso sentimento de pertencimento a um grupo.

É verdade que, no fim das contas, o verdadeiro coletivo é a união de todos os homens diante de Deus. Cada um, a qualquer momento, pode se libertar da ligação com o Estado, com o povo e com o grupo para irromper na solidariedade invisível dos homens de boa vontade unidos na culpa coletiva do ser humano.

Historicamente, permanecemos atados às comunidades mais próximas e restritas, sem as quais afundaríamos num abismo.

Responsabilidade política e culpa coletiva

Inicialmente, voltemos mais uma vez aos fatos: o julgamento e o sentimento das pessoas no mundo todo são amplamente conduzidos por concepções coletivas. O alemão, seja esse alemão quem for, é visto no mundo hoje como alguém com quem não se quer ter nada a ver. Judeus alemães no exterior são indesejáveis enquanto alemães, sendo considerados essencialmente alemães, e não judeus. Devido a esse pensamento coletivo, a responsabilidade política é justificada ao mesmo tempo como castigo pela culpa moral. Esse pensamento coletivo ocorreu diversas vezes ao longo da história. A barbárie da guerra afetou populações inteiras, expondo-as a saques, a estupros e à escravidão. Além disso, os infelizes ainda sofreram a dizimação moral na sentença proferida pelo vencedor. Não há apenas que se submeter, mas reconhecer e pagar penitência. Quem for alemão, seja ele cristão, seja ele judeu, tem um espírito mau.

Diante dessa opinião tão disseminada no mundo — não obstante não ser ela generalizada —, somos constantemente instados a usar nossa separação simples entre responsabilidade política e culpa moral não somente como defesa, mas também para verificar o possível teor de verdade do pensamento coletivo. Não abdicamos da separação, mas devemos restringi-la à afirmação de que o comportamento que levou à responsabilidade se fundamenta em condições políticas como um todo de um caráter moral, pois elas ajudam a determinar a moral do indivíduo. O indivíduo não consegue se separar totalmente dessas condições, porque ele, consciente disso ou não, vive como um membro determinado por elas, que não tem como se esquivar de sua influência, mesmo se ele esteve na oposição. É uma espécie de culpa moral coletiva no modo de vida de uma população, da qual eu participo como indivíduo e de onde brotam as realidades políticas.

Pois não há como separar a condição política do modo de vida das pessoas. Não há separação absoluta entre política e humanidade, pelo menos enquanto o homem não sucumbir como um eremita apartado.

São as condições políticas que formam o suíço, o holandês, e por meio delas nós todos na Alemanha fomos educados, por um longo período, a sermos obedientes, a termos uma índole dinástica, a sermos indiferentes e irresponsáveis diante da realidade política — e temos ainda um pouco disso dentro de nós, mesmo com uma posição contrária a essas posturas.

A população como um todo sofrer realmente as consequências de todos os atos políticos — *quidquid delirant reges plectuntur Achivi* — é mero fato empírico. Considerar-se responsável é o primeiro sinal do despertar de sua liberdade política. É somente na medida em que esse conhecimento existe e é reconhecido que há liberdade de fato, e não somente uma reivindicação externa por parte de pessoas privadas de liberdade.

A falta de liberdade política interna obedece de um lado, e de outro não se sente culpada. Saber-se responsável é o começo da reviravolta interior que quer tornar real a liberdade política.

A oposição entre a postura livre e a obediente mostra-se, por exemplo, na concepção de líder de Estado. Perguntaram: será que os povos têm culpa pelos líderes que aceitam? Por exemplo, a França e Napoleão. Pensamos: mas a grande maioria o acompanhou, queria o poder e a fama que Napoleão conquistou. Napoleão só foi possível porque os franceses o queriam. Sua grandeza está na segurança com que ele compreendeu o que as massas esperavam, o que elas queriam ouvir, que aparência elas desejavam, que realidade material aspiravam. Será que Lenz tinha razão ao dizer: "Nasceu o Estado que corresponde ao gênio da França"? Sim, a uma parte dela, a uma situação — mas não ao gênio de um povo em geral! Quem pode determinar o gênio de um povo? Há também realidades bem diferentes que brotaram do mesmo gênio.

Pode-se pensar talvez: assim como o homem se responsabiliza pela escolha da amada, com a qual, ligado pelo matrimônio, atravessa a vida em um destino comum, também um povo se responsabiliza por aquele a quem se entrega em obediência. O erro é uma culpa. Suas consequências precisam ser vividas inexoravelmente. Mas justo isso seria errado. Aquilo que é possível e pertinente num casamento, no Estado já seria a derrocada: a ligação incondicional a uma pessoa. A fidelidade dos seguidores é uma relação apolítica que só existe em círculos estritos e em condições primitivas. No Estado livre, vigoram o controle e a alternância de todas as pessoas.

Por isso, há uma culpa dupla: em primeiro lugar, o fato de se entregar incondicionalmente a um líder e, em segundo, o tipo de líder a quem se submete. A atmosfera de submissão é, por assim dizer, uma culpa coletiva.

A própria consciência de uma culpa coletiva

Sentimos uma espécie de corresponsabilidade pelos atos de nossos familiares. Essa corresponsabilidade não é objetivável. Descartaríamos todo tipo de responsabilidade tribal.

No entanto, por termos o mesmo sangue, tendemos a também nos sentir atingidos quando alguém da família faz algo de errado, e por isso também tendemos a consertar o fato, dependendo da situação, do tipo de ato e daquele que foi afetado, mesmo não sendo responsáveis do ponto de vista moral nem jurídico.

Da mesma forma, o alemão — isto é, o falante de alemão — também se sente atingido por tudo o que brota do alemão. Não é a responsabilidade do cidadão, mas a comiseração de uma pessoa pertencente à vida intelectual e espiritual alemã que sou, juntamente com outros que falam o mesmo idioma, que têm a mesma origem e o mesmo destino, que aqui se torna causa não de uma culpa tangível, mas de algo análogo à corresponsabilidade.

Ademais, sentimo-nos participantes não somente do que se faz atualmente, como corresponsáveis dos atos de nossos contemporâneos, mas também no contexto da tradição. Precisamos assumir a culpa de nossos pais. Nós todos carregamos a corresponsabilidade pelo fato de ter havido nas condições intelectuais da vida alemã a possibilidade de um regime daquele tipo. Isso, porém, não significa que tenhamos que reconhecer que "o universo do pensamento alemão", "o pensamento alemão do passado" sejam em geral a origem dos malfeitos do nacional-socialismo. Mas significa que há algo em nossa tradição como povo, algo poderoso e ameaçador, que é a nossa derrocada moral.

Sabemo-nos não somente como indivíduos, mas também como alemães. Cada um é, quando é de fato, o povo alemão. Quem não conhece aquele momento na vida em que, desesperado em oposição a seu povo, diz para si mesmo: Eu sou a Alemanha — ou então, em uníssono jubiloso com ele: Eu também sou a Alemanha! A realidade alemã não tem outra forma senão esses indivíduos. Portanto, a reivindicação da refundição, do renascimento, da rejeição do nefasto é tarefa do povo, uma tarefa que cabe a cada um.

Por eu não conseguir evitar, no fundo da minha alma, sentir de forma coletiva, para mim e para todos, o ser alemão não é uma condição, mas uma tarefa. Isso é algo bem diferente da absolutização do povo. Primeiro, sou um ser humano, depois sou especificamente frísio, sou professor, sou alemão, sou próximo a outras realidades coletivas, próximo até a fusão das almas, ligado a todos os grupos com que, mais próximo ou mais distante, tenho contato; graças a essa proximidade, em alguns momentos sou capaz de me sentir quase um judeu, ou um holandês, ou um inglês. No entanto, em meio a tudo isso, o fato de eu ser alemão, significando essencialmente a vida na língua materna, é tão forte que, de uma forma não mais concebível racionalmente ou até mesmo refutável, eu me sinto corresponsável por aquilo que alemães fazem e fizeram.

Sinto-me mais próximo de alemães que também se sentem assim, e sinto-me mais distante daqueles cuja alma parece negar essa relação. E essa proximidade significa essencialmente a tarefa conjunta e motivadora de não ser alemão como de fato se é, mas de tornar-se alemão de um jeito que ainda não se é, mas se deveria ser, e segundo a evocação de nossos mais nobres antepassados, e não a partir da história de ídolos nacionais.

Por sentirmos a culpa coletiva, sentimos também toda a tarefa da renovação do ser humano a partir da origem — uma empreitada de todas as pessoas na terra, mas que aparece de forma mais urgente, sensível e decisiva quando um povo está diante do Nada devido à própria culpa.

Parece que, como filósofo, eu agora perdi completamente o universo conceitual. De fato, a linguagem cessa, e lembremos aqui apenas negativamente que todas as nossas diferenciações, além de as considerarmos verdadeiras e não as refutarmos, não podem servir como leito de descanso. Não podemos simplesmente liquidar a questão com elas e nos libertarmos da pressão sob a qual seguimos em nossa jornada de vida, de onde deverá brotar aquilo que é mais precioso: a essência eterna da nossa alma.

II.
Possibilidades de desculpa

Nós mesmos, como aqueles que nos querem bem, temos ideias prontas para aliviar a nossa culpa. Há pontos de vista que, ao mesmo tempo que sugerem uma sentença mais branda, caracterizam e dão contornos mais precisos ao tipo de culpa particular.

1. O terrorismo

A Alemanha sob o regime nazista era um presídio. A culpa por entrar nesse presídio é uma culpa política. Mas, uma vez tendo sido fechados os portões do presídio, ele não pode ser arrombado por dentro. A responsabilidade e a culpa dos presos, que permanecem e agora emergem, devem sempre ser abordadas questionando o que, nesse caso, seria possível fazer.

Aparentemente, é injusto responsabilizar dentro do presídio os internos como um todo pelos crimes dos carcereiros.

Dizia-se que os milhões de homens, os milhões de trabalhadores e os milhões de soldados deveriam ter oferecido resistência. Eles não o fizeram, eles trabalharam para a guerra e lutaram, portanto, são culpados.

Em contraposição, podemos dizer: quinze milhões de trabalhadores estrangeiros trabalharam tão bem para a guerra quanto os trabalhadores alemães. O fato de ter havido mais atos de sabotagem por parte deles não foi comprovado. Foi somente nas últimas semanas, quando a derrocada já estava em curso, que aparentemente os trabalhadores estrangeiros desenvolveram uma maior atividade.

É impossível chegar a ações maiores sem se organizar sob o comando de líderes. A exigência à população de um país de se revoltar contra um Estado terrorista exige o impossível. Uma tal revolta poderia apenas acontecer de forma dispersa, sem uma conexão real, permanecendo completamente anônima e, em consequência disso, ignorada, como um afundamento silencioso na morte. Há raríssimas exceções que se tornaram conhecidas por circunstâncias especiais, mas também apenas de forma oral e em dimensões reduzidas (como o heroísmo dos irmãos Scholl, aqueles estudantes alemães, e do professor Huber em Munique).

É espantoso como numa situação dessas possa haver acusação. Franz Werfel, que logo após a queda da Alemanha de Hitler escreveu um artigo radical contra todo o povo alemão, afirmou que só aquele Niemöller ofereceu resistência; e, no mesmo artigo, fala das centenas de milhares de pessoas que foram assassinadas nos campos de concentração — por quê? Porque elas, mesmo que geralmente apenas com palavras, ofereceram resistência. Foram os mártires anônimos que, por meio de seu desaparecimento ineficaz, deixaram ainda mais evidente que era impossível. Até 1939, os campos de concentração ainda eram uma questão interna alemã e, mesmo depois disso, eles estavam em grande parte repletos de alemães. As prisões políticas no ano de 1944 excederam os quatro mil a cada mês. A oposição no país prova que houve campos de concentração até o fim.

Nas acusações, cremos ouvir às vezes o tom de um farisaísmo naqueles que escaparam correndo perigo, mas que no fim — em comparação ao sofrimento e à morte nos campos de concentração, como também ao medo na Alemanha — viviam no exterior sem a opressão do terror, mas com o sofrimento do emigrante; e agora veem a sua emigração como um mérito. Diante de um tom desses, julgamo-nos autorizados a rechaçá-los, porém sem rancor.

De fato, há vozes de pessoas justas que têm uma visão clara do aparato terrorista e de suas consequências. Como Dwight Macdonald na revista *Politics* de março de 1945: o ápice do terror e da culpa forçada sob o terror é alcançado com a seguinte alternativa: matar ou ser morto. Alguns dos comandantes designados para executar e assassinar, afirma ele, recusaram-se a participar das atrocidades e foram fuzilados.

Diz Hannah Arendt: o terror produziu um fenômeno espantoso, o povo foi instado a participar dos crimes cometidos pelos líderes. De submissos, transformaram-se em cúmplices. Isso ocorria em dimensões menores, mas de tal forma que pessoas até então consideradas incapazes daquilo, pais de família, cidadãos aplicados, que exerciam as suas profissões de forma consciencosa, também assassinavam de forma consciencosa e, a uma ordem, executavam outros malfeitos nos campos de concentração.*

2. Culpa e contexto histórico

Nós distinguimos causa de culpa. A apresentação da razão pela qual algo foi como foi e como necessariamente teve que ser assim involuntariamente é válida como desculpa. A causa é cega e necessária; a culpa vê claramente e é livre.

Costumamos fazer o mesmo com os acontecimentos políticos. O contexto histórico de causa e efeito parece desonerar o povo da responsabilidade. Daí a satisfação quando, em meio à desgraça, a inevitabilidade parece compreensível por causas determinantes.

A tendência de muitas pessoas é assumir a responsabilidade e reforçá-la quando se trata de seu comportamento atual, cuja

---

* Hannah Arendt no sóbrio e tocante artigo "Organized guilt" (*Jewish Frontier*, janeiro de 1945).

arbitrariedade elas querem livrar de limitações, condições e exigências — mas, por outro lado, elas têm a tendência de recusar a responsabilidade no caso de fracasso, em benefício de supostas necessidades incontornáveis. Apenas se falou de responsabilidade, mas não se experimentou o que é responsabilidade.

Então, durante todos esses anos, ouvíamos: se a Alemanha vencer a guerra, terá sido o partido que a venceu e que terá o mérito — se a Alemanha perder a guerra, o povo alemão a terá perdido e será culpado.

Ocorre que, em contextos históricos de relação causal, a separação entre causa e responsabilidade não pode ser aplicada quando a ação humana for, ela própria, um dos fatores. Enquanto houver o envolvimento de decisões nos acontecimentos, aquilo que é causa será também culpa ou mérito.

Contudo, o que não depende de vontade e de decisão sempre será também uma tarefa. Os efeitos daquilo que é dado por natureza vão depender de como o homem os recebe, como lida com isso e o que faz disso. O conhecimento histórico de modo algum pode entender o processo como simplesmente necessário. Esse conhecimento nunca poderá fazer uma previsão segura (como seria possível na astronomia, por exemplo), e também não tem como reconhecer posteriormente na observação retrospectiva uma inevitabilidade dos atos individuais e dos acontecimentos como um todo. Em ambos os casos, ele vê a margem das possibilidades, e esta somente mais rica e concreta em relação ao passado.

A percepção histórico-sociológica e a imagem histórica esboçada são, novamente, um fator dos acontecimentos e, nesse sentido, uma questão de responsabilidade.

Entre as condições que se apresentam, que como tais ainda se encontram fora do âmbito da liberdade, e, por isso, fora do âmbito da culpa e da responsabilidade, citam-se principalmente as condições geográficas e a situação histórica do mundo.

1. As condições geográficas

A Alemanha tem fronteiras abertas para todos os lados. Se quiser se manter como Estado, militarmente terá de ser forte a todo instante. Tempos de fraqueza a fizeram ser presa dos Estados do oeste, do leste e do norte e, por fim, até do sul (Turquia). Em consequência de sua localização geográfica, a Alemanha nunca conheceu a calma de uma existência sem ameaças, como a Inglaterra, e ainda mais, os Estados Unidos. A Inglaterra, devido ao seu grandioso desenvolvimento na política interna, pôde se dar ao luxo de viver décadas de impotência na política externa e de fraqueza militar. Nem por isso foi conquistada. Em 1066 houve a última invasão. Um país como a Alemanha, que não é definido por fronteiras evidentes, foi obrigado a produzir Estados militares para sobreviver como nação. Isso foi feito durante muito tempo pela Áustria e depois pela Prússia.

A peculiaridade de cada Estado específico e suas características militares gravou-se no restante da Alemanha como algo sentido também como estrangeiro. Era preciso esconder para si mesmo que dentro da Alemanha, no fundo, sempre houve a dominação de um Estado, apesar de alemão, sobre o restante; ou que a impotência dessa dispersão de Estados revelasse isso ao exterior.

Por isso, não havia um centro de validade constante, apenas pontos centrais transitórios. Como consequência, os pontos fortes só puderam ser sentidos e reconhecidos por uma parte da Alemanha somente.

Assim, de fato, também não havia um centro intelectual onde todos os alemães se encontrassem. E a nossa literatura clássica e a filosofia ainda não eram propriedade do povo, mas de uma pequena camada educada que, para além das fronteiras alemãs, ia tão longe quanto o alemão fosse falado. E aqui não há sequer unanimidade no reconhecimento do que é grande.

Pode-se dizer que a localização geográfica forçou tanto o militarismo com o espírito geral de submissão, de servilidade, de falta de consciência de liberdade e de espírito democrático como consequências quanto transformou cada estrutura de Estado em uma aparição necessariamente transitória. Apenas enquanto houvesse circunstâncias favoráveis e homens de Estado incomumente racionais e superiores, um Estado poderia sobreviver por algum momento. Um único líder irresponsável poderia levar o Estado e a Alemanha para sempre à aniquilação política.

Por mais correta que seja a premissa de todas essas considerações, para nós é essencial que não as vejamos, por exemplo, como uma necessidade absoluta. A estrutura militar que será estabelecida, se aparecerem líderes sábios ou não, não se origina de modo algum na localização geográfica.

Numa situação geográfica semelhante, por exemplo, a energia política, a solidariedade e a ponderação dos romanos trouxeram resultados bem diferentes, a saber: a unificação da Itália e um império mundial; ainda que, por fim, também com a aniquilação da liberdade. O estudo da Roma republicana é de altíssimo interesse porque mostra como o desenvolvimento militar e o imperialismo levam um povo democrático à perda da liberdade.

Se as condições geográficas ainda deixarem espaço para a liberdade, então será — como se diz — o caráter natural do povo que decidirá e estará fora do âmbito de culpa e responsabilidade. Isto, então, é um meio de executar avaliações falsas, seja para aumentar, seja para diminuir.

É provável que haja algo na base natural da nossa existência vital que tenha algum tipo de efeito até o pico mais alto da espiritualidade. Mas podemos dizer que não sabemos praticamente nada a esse respeito. A intuição da impressão imediata, tão evidente quanto ilusória, cativante no momento mas não confiável a longo prazo, não foi levada por nenhuma ciência racial a um nível mais alto do verdadeiro conhecimento.

O caráter do povo de fato sempre é descrito a partir de figuras históricas destacadas do contexto. Elas, porém, já são o resultado dos acontecimentos e das situações que as definem. São sempre um grupo de figuras que aparece apenas como um tipo em meio a outros. Dependendo da situação, podem vir à tona possibilidades totalmente diferentes do caráter, as quais normalmente ficavam escondidas. É provável que haja um caráter dotado com diversas habilidades, mas simplesmente não o conhecemos.

Não podemos empurrar nossa responsabilidade para esse lado, mas, como seres humanos, precisamos nos saber livres para todas as possibilidades.

2. A situação da história mundial

Como a Alemanha se posiciona no mundo, o que acontece no mundo, como os outros se comportam diante da Alemanha, tudo isso é essencial para a Alemanha, tanto mais quando a sua posição geográfica desprotegida no centro a expõe aos efeitos do mundo muito mais do que a outros países europeus. Por isso, a expressão de Ranke sobre a primazia da política externa sobre a política interna era verdadeira para a Alemanha, mas historicamente não tinha validade geral.

Não apresento aqui os contextos políticos do último meio século. Certamente, eles não são indiferentes para aquilo que se tornou possível na Alemanha. Lanço meu olhar apenas sobre um fenômeno mundial interno, espiritual. Talvez se possa dizer:

Eclodiu na Alemanha aquilo que em todo o mundo ocidental estava em curso como crise do espírito, da fé.

Esse fato não diminui a culpa. Pois foi aqui na Alemanha que isso eclodiu, e não em outro lugar. Mas isso nos liberta do isolamento absoluto. É carregado de ensinamentos para os outros. Diz respeito a todos.

Essa situação crítica da história mundial não é fácil de definir: o declínio da eficácia da fé cristã e bíblica em geral; a falta de fé que busca um substituto; a transformação social produzida pela técnica e pelos métodos de trabalho, que a partir da natureza da questão leva irrefreavelmente a ordens socialistas, nas quais a massa da população, cada um individualmente, deverá ter seu direito garantido. A situação em todo lugar está mais ou menos de um jeito que nos permite dizer: isso precisa mudar. Numa situação como esta, os mais severamente atingidos, pessoas as mais conscientes de sua insatisfação, tendem a soluções antecipadas, precipitadas, ilusórias, delirantes.

Em meio a um processo que tomou o mundo todo, a Alemanha cedeu a uma vertigem e dançou para dentro do seu próprio abismo.

3. A culpa dos outros

Aquele que, em autoanálise, ainda não compreendeu sua culpa, tenderá a acusar o acusador.

A tendência ao revide neste momento não raramente é um sinal, entre nós, alemães, de que nós mesmos ainda não nos compreendemos. Mas na catástrofe o primeiro interesse de cada um de nós é a clareza sobre si mesmo. A *fundamentação da nova vida a partir da origem* da nossa essência só poderá ser alcançada a partir de uma *autoanálise radical.*

Isso não significa que não possamos ver o que é fato quando olhamos para os outros Estados, aos quais por fim a Alemanha deve a libertação da escravidão hitlerista e de cujas decisões dependerá a nossa vida daqui em diante.

Precisamos e devemos ter claro para nós de que forma o comportamento dos outros dificultou a nossa situação interna e externa. Pois o que eles fizeram e farão é parte do mundo do qual somos totalmente dependentes e no qual teremos que encontrar nosso caminho. Precisamos evitar ilusões. Não podemos recair em rejeição cega, nem em expectativa cega.

Quando falamos em culpa dos outros, isso pode levar a mal-entendidos. Se eles possibilitaram os acontecimentos por meio de seu comportamento, então se trata de uma culpa política. Ao abordá-la, não se pode deixar que se esqueça, em nenhum momento, que ela está em um nível diferente daquele dos crimes de Hitler.

Dois pontos parecem-nos essenciais: os atos políticos das potências vencedoras desde 1918 e a presença delas quando a Alemanha hitlerista estava sendo construída:

1. A Inglaterra, a França e os Estados Unidos foram os vencedores de 1918. Era em suas mãos — e não na dos vencidos — que estava o curso da história mundial. O vencedor assume uma responsabilidade que só ele tem, ou se esquiva dela. E, se ele o fizer, sua culpa histórica fica evidente.

É inadmissível que o vencedor apenas se retraia, fique em seu âmbito mais restrito e queira ter paz, olhando apenas de longe o que está acontecendo no mundo. Ele tem o poder de evitar quando um acontecimento prenuncia consequências desastrosas. A não utilização desse poder é uma culpa política daquele que o detém. Se ele se limitar a acusações no papel, então terá se esquivado de sua tarefa. Podemos criticar as potências vencedoras por essa inatividade, mas isso não nos exime de qualquer culpa.

Podemos continuar a questão apontando para o Tratado de Versalhes e suas consequências; depois para o escorregar da Alemanha em direção à situação que produziu o nacional-socialismo. Podemos, ainda, citar a tolerância em relação à invasão japonesa na Manchúria, esse primeiro ato de violência que, se tivesse êxito, faria escola; podemos citar a tolerância em relação à campanha da Abissínia em 1935, esse ato de violência de Mussolini. Podemos lamentar a política da

Inglaterra, que na Liga das Nações em Genebra nocauteou Mussolini por meio de decisões, mas deixou que essas decisões se restringissem ao papel, sem vontade nem força para aniquilar Mussolini de fato — mas também sem o radicalismo claro de, ao contrário, unir-se a ele, transformar seu regime aos poucos e lutar contra Hitler para garantir a paz. Pois, naquela época, Mussolini estava disposto a se unir às potências ocidentais e com elas se opor à Alemanha, como ele ainda apregoava em 1934, quando proferiu o discurso ameaçador — depois esquecido — contra Hitler, quando este queria invadir a Áustria. Essa política de meios-termos mais tarde levou à aliança Hitler-Mussolini.

A esse respeito devemos dizer o seguinte: ninguém sabe quais teriam sido as consequências se as decisões tivessem sido outras. E principalmente: os ingleses fazem uma política também moral (o que pelo raciocínio nacional-socialista foi calculado como uma fraqueza da Inglaterra). Por isso, os ingleses não podem tomar todas as decisões politicamente eficazes sem restrições. Eles querem a paz. Eles querem aproveitar todas as chances para mantê-la antes de darem um passo extremo. Somente em um caso evidente de não haver saída eles estão dispostos à guerra.

2. Não há somente uma solidariedade cívica, mas também uma solidariedade europeia e humanitária.

Com ou sem razão, quando os portões do presídio Alemanha se fecharam, nós tínhamos esperança na solidariedade europeia.

Ainda não suspeitávamos dos crimes e das últimas consequências terríveis. Mas vimos a perda radical da liberdade. Sabíamos que com isso se abria espaço para a arbitrariedade dos donos do poder. Víamos a injustiça, os rejeitados, mesmo que isso ainda fosse brando diante daquilo que os anos vindouros trariam. Sabíamos da existência de campos de concentração, mas ainda não sabíamos das atrocidades que lá aconteciam.

Certamente éramos todos cúmplices na Alemanha por termos parado naquela situação política, por perdermos a nossa liberdade e por termos que viver sob o despotismo de pessoas brutas e sem cultura. Mas, ao mesmo tempo, podíamos dizer a nós mesmos, servindo de alívio, que tínhamos sido vítimas de uma combinação de violações de direito veladas e atos violentos. Assim como num Estado os feridos por crimes têm seu direito garantido graças à ordem, também esperávamos que uma ordem europeia não permitisse aqueles crimes do Estado.

Inesquecível para mim é uma conversa que tive em minha casa, em maio de 1933, com um amigo* que depois emigrou e hoje vive nos Estados Unidos. Ponderávamos ansiosamente sobre a possibilidade de uma iminente ocupação pelas potências ocidentais. Disse ele: se eles esperarem mais um ano, Hitler vencerá, a Alemanha estará perdida, e talvez a Europa.

Nesse clima, como atingidos pela raiz e, por isso, lúcidos em vários assuntos mas cegos para outros, vivenciamos os seguintes acontecimentos sempre com novos sobressaltos assustadores:

No início do verão de 1933, o Vaticano fechou um acordo com Hitler. Foi Papen quem conduziu as negociações. Foi a primeira grande afirmação do regime hitlerista, um gigantesco ganho em prestígio para Hitler. Inicialmente, parecia impossível. Mas era fato. Fomos acometidos por um terror.

Todos os Estados reconheceram o regime hitlerista. Ouviam-se vozes de espanto.

Em 1936, foi realizada a Olimpíada em Berlim. O mundo todo acorreu à cidade. Com irritação secreta e dor, víamos os estrangeiros que lá apareciam e que nos tinham abandonado à própria sorte — mas eles sabiam tão pouco quanto boa parte dos alemães.

---

* Tratava-se do filósofo Erich Frank (morto em 1949).

Em 1936, a Renânia foi ocupada por Hitler. A França tolerou.

Em 1938, foi publicada no *Times* uma carta aberta de Churchill a Hitler, na qual se liam frases como esta: Se a Inglaterra vier a entrar em uma desgraça nacional semelhante à da Alemanha em 1918, eu pedirei a Deus que nos envie um homem com a sua força de vontade e de espírito (eu mesmo me lembro, mas cito a partir de Röpke).

Em 1935, por intermédio de Ribbentrop, a Inglaterra fechou um pacto naval com Hitler. Isso significava para nós: a Inglaterra desiste do povo alemão, desde que consiga manter a paz com Hitler. Para eles somos irrelevantes. Eles ainda não assumiram uma responsabilidade europeia. Não só estão logo ao lado de onde acontece o mal, mas fazem as pazes com ele. Eles deixam os alemães afundarem em um estado militar terrorista. Apesar de seus jornais criticarem os fatos, não fazem nada. Nós na Alemanha estamos impotentes. Agora eles ainda poderiam, talvez sem sacrifícios excessivos, restabelecer a liberdade em nosso país. Não o fazem. Isso também terá consequências para eles e custará sacrifícios maiores ainda.

Em 1939, a Rússia fechou o pacto com Hitler. Por meio dele, no último minuto a guerra acabou sendo possível para Hitler — e, quando ela se iniciou, todos os Estados neutros, os Estados Unidos, ficaram de fora. De modo algum o mundo estava unido para extinguir rapidamente a situação diabólica com um único esforço conjunto.

A situação geral entre os anos de 1933 e 1939 é caracterizada por Röpke em seu livro sobre a Alemanha, publicado na Suíça:

"A atual catástrofe mundial é o preço gigantesco que o mundo está pagando por ter se mostrado surdo diante de todos os sinais de alarme que se anunciavam de 1930 a 1939 em tons cada vez mais agudos; emitidos pelas forças satânicas do nacional-socialismo, primeiro contra a própria Alemanha, depois contra o restante do mundo. Os horrores dessa guerra correspondem exatamente aos outros que o mundo deixou acontecer na Alemanha enquanto mantinha relações normais com os nacional-socialistas e com eles organizava festas e congressos internacionais.

"Hoje se deve ter claro para si que os alemães foram as primeiras vítimas da invasão bárbara que, vinda de baixo, os submergiu, que eles foram os primeiros a ser atropelados pelo terror e pela hipnose coletiva, e que tudo o que depois os outros países ocupados tiveram de suportar foi perpetrado primeiro contra os alemães, inclusive o pior dos destinos: ser pressionado ou seduzido a se transformar em ferramenta de mais conquistas e mais opressão."

Se nos criticam por termos — sob o terror — ficado ali inertes enquanto os crimes eram cometidos e enquanto o regime se consolidava, isso é verdade. Mas devemos ter presente que os outros — sem estarem sob o terror — também ficaram inertes e deixaram acontecer, e até mesmo fomentaram inconscientemente aquilo que — por estar acontecendo em outro Estado — não viam como pertinente a eles.

Devemos reconhecer que somos os únicos culpados?

Sim, se se tratar de responder quem começou a guerra — quem primeiro concretizou a organização terrorista de todas as forças com vistas ao único objetivo da guerra — quem enquanto povo em seu Estado traiu e sacrificou a própria essência, e mais ainda: quem cometeu atrocidades peculiares, que superam quaisquer outras. Dwight Macdonald afirma que muitas atrocidades aconteceram de todos os lados, mas várias são peculiares aos alemães: o ódio paranoico sem sentido político, a crueldade das torturas executadas racionalmente com todos os recursos técnicos modernos, além das ferramentas de tortura medieval — porém, estes foram alguns alemães, um pequeno grupo (com uma margem não delineada daqueles dispostos a colaborar quando recebiam uma ordem).

O antissemitismo alemão em nenhum momento foi uma ação do povo. Nos *pogroms* alemães, não houve a colaboração da população, não houve atos de crueldade espontâneos contra judeus. A massa do povo silenciou e se retraiu, ou então expressou debilmente sua indisposição.

Devemos reconhecer que somos os únicos culpados?

Não, na medida em que como um todo, como povo, constantemente somos transformados em um povo ruim — no povo culpado em si. Contra essa opinião mundial, podemos apontar fatos.

Contudo, essas digressões só não são perigosas para a nossa atitude se não esquecermos nunca o que venho aqui repetir:

1. Qualquer que seja a culpa que possa ser imputada a outros e que eles próprios se imputem não é a culpa dos crimes que a Alemanha hitlerista cometeu. Para eles, naquela época foi um deixe estar e um meio-termo, um equívoco político.

É secundário o fato de que na sequência da guerra os opositores também mantinham campos de prisioneiros como campos de concentração e perpetraram os atos de guerra primeiramente realizados pela Alemanha. Não estamos falando aqui dos acontecimentos após o armistício, nem daquilo que a Alemanha sofreu e continua sofrendo após a capitulação.

2. Nossas abordagens sobre a culpa servem à tarefa de penetrarmos no significado de nossa própria culpa, mesmo quando falamos de uma culpa dos outros.

3. A expressão: "Os outros não são melhores do que nós" certamente é válida. Mas ela é usada de modo errôneo neste momento. Pois agora, nesses últimos doze anos, somando tudo, os outros realmente foram melhores do que nós. Uma verdade geral não deve servir para nivelar a atual verdade específica da própria culpa.

4. Culpa de todos?

Se diante dos erros do comportamento político das potências dizemos que, em todos os casos, trata-se das inevitabilidades da política, então a resposta é: esta é culpa comum a todas as pessoas.

Recordar os atos dos outros para nós não tem o significado de aliviar a nossa culpa, mas se justifica pela preocupação que nós temos, como seres humanos, com todos os outros em relação à humanidade — que hoje como um todo não apenas está consciente mas também, em consequência dos resultados da era técnica, tem a tarefa de estabelecer a ordem, ou de outro modo falha.

O fato fundamental de sermos todos humanos justifica nossa preocupação em torno do ser humano como um todo. Que alívio seria se os vencedores não fossem pessoas como nós, mas altruístas regentes mundiais. Se assim fosse, eles conduziriam, numa sábia visão de futuro, a bem-sucedida reconstrução, incluindo uma reparação efetiva. Se assim fosse, eles nos demonstrariam por atos e comportamentos exemplares o ideal de Estado democrático e nos fariam senti-lo diariamente como realidade convincente. Se assim fosse, eles entre si concordariam por meio da livre expressão sensata, aberta, sem segundas intenções, e rapidamente tomariam decisões razoáveis em relação a todas as questões que surgissem. Se assim fosse, não seria possível nenhuma ilusão e nenhuma hipocrisia, nenhuma omissão e nenhuma distinção entre fala pública e privada. Se assim fosse, nosso povo teria uma educação primorosa, atingiríamos o mais vivo desenvolvimento do pensamento em toda a população e nos apropriaríamos da tradição mais valiosa. Se assim fosse, seríamos tratados de forma rígida, mas também justa e bondosa e até carinhosa, na medida em que houvesse uma compreensão, por mínima que fosse, por parte dos infelizes e iludidos.

Mas os outros são seres humanos como nós. E é nas mãos deles que está o futuro da humanidade. Nós, como humanos, com toda a nossa vida e as possibilidades de nosso ser, estamos atados àquilo que eles fazem e às consequências de seus atos. Por isso, para nós é como se fosse uma causa própria detectar o que eles querem, pensam e fazem.

É a partir dessa preocupação que nos perguntamos: será que os outros povos são mais felizes devido a destinos políticos mais favoráveis? Será que eles cometem os mesmos erros que nós, mas até agora sem as consequências fatais que nos levaram ao abismo?

Eles rejeitariam receber alertas vindos de nós, os desacreditados e infelizes. Talvez eles não entendessem e achassem pretensioso o fato de alemães se preocuparem com o andar da história, que está nas mãos deles, e não dos alemães. Mas o fato é que paira sobre nós como um pesadelo a seguinte ideia: se em algum momento houvesse na América uma ditadura no estilo de Hitler, teríamos um final sem esperança, por tempo indeterminado. Nós na Alemanha pudemos ser libertados com a ajuda de fora. Uma vez instalada uma ditadura, é impossível uma libertação vinda de dentro. Se o mundo anglo-saxão, assim como nós no passado, for conquistado por uma ditadura interna, não haverá mais um lado de fora, não haverá mais libertação. A liberdade conquistada pelas pessoas no Ocidente, cuja conquista foi uma luta de séculos, quiçá de milênios, estaria acabada. Teríamos a volta da primitividade do despotismo, mas com recursos técnicos. Sem dúvida, o homem não pode ficar definitivamente privado de liberdade. Mas esse consolo será realizado em um prazo muito longo. Com Platão, pode-se afirmar que no curso do tempo infinito, aqui ou acolá, alguma vez será real ou novamente real o que é possível. Observamos com terror os sentimentos de superioridade moral: aquele que em face do perigo se sente absolutamente seguro já está a caminho de sucumbir diante dele. O destino da Alemanha poderia servir de experiência para todos. Se ao menos essa experiência pudesse ser compreendida! Não somos uma raça pior. Em todo lugar, pessoas têm características parecidas. Em todo lugar existem minorias violentas, criminosas, vitalmente ativas, que à primeira oportunidade tomam o poder e procedem de modo brutal.

É justificada a nossa preocupação com a autoconfiança dos vencedores. Pois de agora em diante toda a responsabilidade decisiva pelo andar das coisas está com eles. É agora assunto deles como prevenir a desgraça ou invocar nova desgraça. O que agora poderia vir a ser culpa deles, seria a mesma desgraça para nós e para eles. Agora, como se trata de toda a humanidade, eles precisam se responsabilizar em um grau muito maior por aquilo que fazem. Se a corrente do mal não se romper, os vencedores entrarão na mesma situação que nós, e com eles toda a humanidade. A miopia do pensamento humano é um perigo enorme, ainda mais sob a forma de uma opinião mundial a que tudo inunda, como uma onda irresistível. As ferramentas de Deus não são Deus na terra. Revidar o mal com o mal, especialmente aos detentos, não só aos administradores do presídio, seria como torná-los maus e criar uma nova desgraça.

Se acompanharmos a nossa própria culpa até sua origem, toparemos com um ser humano que na forma alemã assumiu uma culpabilidade peculiar e terrível, mas que é uma possibilidade no homem como tal.

É bem verdade que se diz, quando se fala da culpa alemã: é a culpa de todos — o mal oculto em todo lugar também é culpado pela irrupção do mal nesse espaço alemão.

De fato, seria uma falsa desculpa se nós, alemães, quiséssemos abrandar nossa culpa nos referindo à culpa da condição humana em geral. Essa ideia não traz alívio, e sim aprofundamento da culpa.

A questão do pecado original não pode se transformar num caminho para se desviar da culpa alemã. O conhecimento do pecado original ainda não é o reconhecimento da culpa alemã. E a confissão religiosa do pecado original também não pode se transformar no vestido de uma falsa confissão de culpa alemã e coletiva, de modo que na falsa obscuridade uma coisa represente a outra.

Não temos a obsessão de culpar os outros. Mas, com o distanciamento da preocupação daquele que tombou, volta a si e raciocina, pensamos: que os outros não sigam caminhos desse tipo.

Neste momento começa um novo período da História. De agora em diante são as potências vencedoras que têm a responsabilidade pelo futuro.

III.
Nossa purificação

O autoesclarecimento de um povo em reflexão histórica e o autoesclarecimento de cada um parecem ser duas coisas diferentes. Mas o primeiro acontece apenas no caminho que passa pelo segundo. Aquilo que indivíduos realizam em conjunto na comunicação pode, se for verdade, se transformar na consciência difundida entre muitos, passando então a valer como a autoconsciência de um povo.

Aqui também precisamos nos voltar contra o pensamento em categorias coletivas. Toda transformação real é produzida por indivíduos, por inúmeros indivíduos, sejam independentes uns dos outros ou em uma troca comovente.

Nós, alemães, nos conscientizamos todos, mesmo que de modos tão diferentes e até mesmo opostos, da nossa culpa ou da ausência dela. Nós todos o fazemos, nacional-socialistas e opositores do nacional-socialismo. Quando digo "nós", refiro-me às pessoas com as quais imediatamente sou solidário — pela língua, origem, situação ou destino. Não quero acusar ninguém quando digo "nós". Se outros alemães se sentem isentos de culpa, isso é assunto deles, exceto nos dois pontos sobre a punição dos crimes daqueles que os cometeram e da responsabilidade política de todos pelas ações do Estado hitlerista. Os que se sentem isentos de culpa somente serão objeto de ataque quando, por sua vez, atacarem. Se na continuidade do pensamento nacional-socialista quiserem nos privar da nossa condição de alemães e se, em vez de raciocinar em profundidade e ouvir os argumentos, quiserem anular os outros cegamente com juízos generalizantes, eles rompem com a solidariedade, recusam-se a se examinar e a se desenvolver por meio do diálogo.

Na população, não raro temos uma percepção natural, imperturbada e ponderada. Exemplos de manifestações simples são os seguintes:

Um pesquisador de oitenta anos: "Nestes doze anos, nunca hesitei e, mesmo assim, nunca estive satisfeito comigo mesmo; sempre fiquei pensando se poderíamos passar da resistência puramente passiva contra os nazistas para a ação. A organização de Hitler era diabólica demais".

Um antinazista mais jovem: "Pois nós também, como opositores do nacional-socialismo — depois de termos nos curvado anos a fio ao 'regime do terror' —, precisamos de uma purificação. Com isso, nos afastamos do farisaísmo daqueles que acreditam que apenas a ausência do distintivo do partido os transforma em pessoas de primeira classe".

Um funcionário público durante a desnazificação: "Se deixei que me empurrassem para o partido, se eu passava relativamente bem, se me instalei no Estado nazista e, portanto, dele desfrutava — mesmo fazendo-o com uma oposição interior —, e se agora sinto os inconvenientes disso, então, pela dignidade, não posso me queixar".

1. O desvio da purificação

a) A acusação recíproca

Nós, alemães, diferimos muito entre nós de acordo com o tipo e a extensão da participação no nacional-socialismo ou da resistência contra ele. Cada um deverá ter a percepção de seu próprio comportamento interior e exterior e buscar o renascimento que lhe é necessário em meio à crise do que é ser alemão.

Também é muito diferente o momento em que essa remodelação interna começou, se em 1933 ou 1934, se depois dos assassinatos de 30 de junho, se a partir de 1938 após os incêndios nas sinagogas ou somente na guerra, se apenas sob a derrota iminente ou somente na queda.

Nós, alemães, não podemos nos colocar a todos sob um denominador comum. Precisamos estar abertos uns aos outros, já que temos pontos de partida essencialmente diferentes. O denominador comum talvez seja apenas a nacionalidade. Nisso, todos em conjunto temos a responsabilidade por permitir que se chegasse a 1933 sem morrer. Isso também une a migração externa e a interna.

As grandes diferenças parecem possibilitar que praticamente todos possam criticar todos. Isso dura somente até que o indivíduo foque sua própria situação e a de seus semelhantes, passando a avaliar a situação dos outros a partir de sua própria. É impressionante como somente nos agitamos realmente a partir da própria consternação e vemos tudo a partir do ângulo de nossa situação específica. É claro que podemos querer desistir vez por outra, quando a paciência durante o diálogo ameaça nos abandonar e quando nos deparamos com uma rejeição fria e brusca.

Em anos passados, houve alemães que exigiam de nós, os outros alemães, que nos tornássemos mártires. Que não deveríamos tolerar em silêncio o que acontecia. Se a nossa ação não tivesse êxito, ao menos serviria como um apoio moral para toda a população, um símbolo visível das forças oprimidas. Assim, desde 1933 pude ouvir críticas de amigos, homens e mulheres.

Essas exigências eram tão inquietantes porque havia nelas profunda verdade, mas pela forma como eram defendidas se tornavam ofensivamente deturpadas. Aquilo que o homem pode experimentar consigo próprio diante da transcendência é levado ao nível do moralismo e até mesmo do sensacionalismo. Silêncio e respeito se perderam. Atualmente, temos um grave exemplo de desvio, que são as acusações recíprocas na discussão entre emigrantes e os que ficaram, entre os grupos chamados de emigração exterior e interior. Ambos carregam sofrimento. O emigrante: o universo linguístico estrangeiro, a saudade. O símbolo disso é a narrativa do judeu alemão em Nova York, em cujo quarto estava pendurado um quadro de Hitler — por quê? Era somente através desse quadro, lembrando-se todos os dias do terror que o aguardava em casa, que ele conseguia dominar a saudade que tinha de lá — o que ficou em casa: o abandono, a ameaça, a solidão na necessidade, ser alijado no próprio país, ser evitado por todos à exceção de alguns amigos, que, se os sobrecarregássemos, nos traria um novo sofrimento. — Mas, se uns acusam os outros, temos apenas de nos perguntar: sentimo-nos bem diante do estado psíquico e do tom dos acusadores? Ficamos felizes por essas pessoas se sentirem assim? Seriam elas um modelo, há nelas algo como um ímpeto, liberdade ou amor, que possa nos encorajar? Se não houver, então não é verdade o que dizem.

b) Abdicação e renitência

Somos sensíveis a críticas e facilmente estamos dispostos a criticar os outros. Não gostamos que cheguem muito próximo a nós, mas esmeramo-nos em avaliar moralmente os outros. Mesmo aquele que tem culpa não gosta que o digam a ele. E, se deixar que lhe digam, não quer que o seja por qualquer um. O mundo, até mesmo nas menores circunstâncias cotidianas, está cheio de relações para a autoria de uma desgraça.

Quem for sensível a críticas facilmente poderá seguir um ímpeto de confessar sua culpa. Essas confissões de culpa — falsas, porque elas mesmas ainda são pulsionais e plenas de luxúria — têm em sua aparência um traço inconfundível: já que elas são alimentadas na mesma pessoa a partir da mesma vontade de poder que a tendência oposta, sente-se como se o confessor, por meio da confissão, queira dar a si um valor, destacar-se diante dos outros. Sua confissão de culpa quer obrigar outros a confessar. Há um traço de agressividade numa tal confissão.

Por isso, do ponto de vista filosófico, a cada destrinchamento de questões de culpa, a primeira exigência é trabalhar consigo mesmo de modo a se extinguir a sensibilidade juntamente com o impulso da confissão de culpa.

Hoje, então, esse fenômeno que descrevi como psicológico está entretecido com a seriedade da nossa questão alemã. Nosso perigo é a lamúria decorrente da abdicação ao se confessar a culpa e o orgulho renitente que se encerra em si mesmo.

Há várias pessoas que se deixam seduzir pelo que é de seu interesse no momento. Parece-lhes vantajoso confessar a culpa. À indignação do mundo com a Alemanha moralmente condenável corresponde sua disposição em confessar a culpa. Vai-se ao encontro de poderosos por meio de bajulações. Quer-se dizer o que eles desejam ouvir. Acrescente-se a isso a tendência fatal a julgar-se melhor do que os outros por causa da confissão. Na autoexposição há um ataque aos outros que não o fazem. A ignomínia dessas autoacusações baratas e a falta de honradez das supostamente vantajosas bajulações são evidentes.

É diferente com o orgulho pertinaz. Justamente porque os outros atacam moralmente é que se obstina. Quer a sua autoconfiança numa suposta independência interior. Mas esta não será conquistada se não se tem clareza naquilo que é decisivo.

O que é decisivo encontra-se no eterno fenômeno fundamental, que hoje reaparece em novo formato: quem diante da derrota definitiva preferir a vida à morte, na verdade — a única dignidade que lhe resta — só poderá viver se tomar a decisão por essa vida com a consciência do significado que há nela.

A decisão de querer viver impotente é um ato de seriedade fundamental da vida. Decorre dele uma transformação que modifica todos os juízos de valor. Se esse ato for executado, se as consequências forem assumidas, se o sofrimento e o trabalho forem aceitos, então aqui talvez se encontre a mais alta possibilidade para a alma humana. Nada é dado de presente. Nada vem por si só. Apenas quando essa decisão como ato original estiver clara, podem-se evitar os desvios da abdicação do eu e da renitência orgulhosa. A purificação leva à clareza da decisão e à clareza de suas consequências.

Mas, quando junto à condição de derrotado houver uma culpa, terá que ser assumida não apenas a impotência, mas também a culpa. E de ambas deve brotar a refundição do ser, da qual o homem quer se furtar.

A renitência orgulhosa encontra muitas formas de ilustração, grandiosidades, coisas edificantes plenas de sentimento para criar a ilusão que possibilita mantê-la. Por exemplo:

Transforma-se o sentido da necessidade de assumir o acontecido. Uma necessidade selvagem de "assumir a nossa história" permite que se afirme o Mal às escondidas, encontrar o Bem em meio ao Mal e mantê-lo no interior como uma fortaleza orgulhosa contra os vencedores. A partir dessa inversão, são possíveis frases como essas: "Precisamos saber que ainda carregamos dentro de nós a força original do querer que criou o passado e também precisamos assumir e acolher isso em nossa existência [...] Fomos as duas coisas e continuaremos sendo as duas coisas [...] Sempre somos apenas a nossa história, cuja força carregamos dentro de nós". — A piedade deverá obrigar a jovem geração alemã a voltar a ser como a anterior.

A renitência em roupagem de piedade confunde aqui o chão histórico em que estamos amorosamente enraizados com a totalidade das realidades do passado em comum, as quais não apenas não amamos muitas em seu sentido, mas as rejeitamos como sendo alheias a nós.

No reconhecimento do Mal enquanto Mal, então, serão possíveis frases como as que seguem: "Precisamos ficar tão corajosos, tão grandes e tão gentis para podermos dizer: sim, até mesmo aquela coisa assustadora foi a nossa realidade e permanecerá sendo, mas, mesmo assim, temos a força de a recriarmos dentro de nós para convertê-la em uma obra criativa. Conhecemos uma possibilidade terrível dentro de nós que certa vez tomou forma em um engano lamentável. Amamos e respeitamos todo o nosso passado histórico com uma piedade e um amor que são maiores do que qualquer culpa histórica individual. Trazemos esse vulcão dentro de nós com o conhecimento do risco que ele pode nos explodir, mas com a convicção de que, somente se conseguirmos dominá-lo, o último espaço da nossa liberdade se abrirá: na perigosa força dessa possibilidade de tornar real aquilo que, na comunhão com todos os outros, será o ato humano do nosso espírito".

Esse é um apelo sedutor — da filosofia ruim do irracionalismo — de confiar em um nivelamento existencial sem decisão. "Dominar" é muito pouco. Depende da "escolha". Se ela não for concluída, logo se tornará possível novamente uma renitência do Mal, que necessariamente levará ao *pecca fortiter*. Não se deu a devida atenção ao fato de que em relação ao Mal só é possível uma comunidade ilusória.

Uma outra forma de renitência orgulhosa pode afirmar todo o nacional-socialismo do ponto de vista da "história da filosofia" em uma visão estética que transforma a desgraça a ser vista de modo neutro e o Mal claro em uma falsa grandiosidade que obscurece o ânimo:

"Na primavera de 1932, um filósofo alemão profetizou que num prazo de dez anos o mundo seria regido politicamente a partir de dois polos: Moscou e Washington; que a Alemanha entre os dois deixaria de ser relevante como conceito político-geográfico, existindo apenas como potência intelectual.

"A história alemã, para a qual a derrota de 1918 ao mesmo tempo fornecia perspectivas de uma maior consolidação, até mesmo da maior completude de uma grande Alemanha, opunha-se àquela tendência profetizada de reduzir o mundo a dois polos, o que, de fato, se anunciava. A história alemã, contrariamente a essa tendência mundial, concentrou-se em um esforço isolado e individualista gigantesco para ainda tentar alcançar seu objetivo nacional próprio.

"Se aquela profecia do filósofo alemão estava certa, com um prazo de apenas dez anos para o início do domínio do mundo por norte-americanos e russos, então a velocidade sobressaltada, a aceleração e a intensidade da tentativa alemã em sentido oposto é um acontecimento compreensível: era a velocidade de uma resistência interior sensata e fascinante, mas historicamente já atrasada. Nos últimos meses, temos observado como essa velocidade no final se desregrou, transformando-se em pura loucura isolada. — Um filósofo joga no ar a sentença: a história alemã acabou, agora começa a era Washington-Moscou. Uma história tão grande e plena de aspirações como a alemã não diz simplesmente sim e amém diante de uma conclusão acadêmica dessas. Ela se inflama, em meio à profunda comoção de defesas e ataques, em um tumulto selvagem de fé e ódio, e precipita-se ao seu fim."

Isso foi escrito no verão de 1945 em meio à confusão de sentimentos por um homem que tenho em alta conta como ser humano.

Tudo isso, de fato, não é purificação, mas uma entrada mais profunda no enredamento. Essas ideias — tanto da abdicação quanto da renitência — costumam trazer por um momento uma sensação de libertação. Crê-se ter um chão, e justamente então acaba-se sem saída. É a falta de pureza dos sentimentos que aqui se intensifica e ao mesmo tempo se fortalece contra possibilidades de transformação verdadeiras.

Faz parte de todas as formas de renitência um silêncio agressivo. A pessoa recua quando os motivos são irrefutáveis. Tira-se a própria autoconsciência do silêncio como último poder dos impotentes. Mostra-se o silêncio para ofender o poderoso. Esconde-se o silêncio para almejar a reconstrução — politicamente pelo uso de meios de poder, mesmo sendo eles ridículos para aqueles que não participam das indústrias gigantescas do mundo que produzem as ferramentas de destruição — psiquicamente pela justificativa de que não reconhece nenhuma culpa: o destino decidiu contra mim; foi uma supremacia material sem sentido; a derrota foi honrosa; em meu interior, nutro minha fidelidade e meu heroísmo. No decurso de um caminho desses, porém, só aumenta o veneno interior no pensamento ilusório e num entorpecimento antecipatório: "ainda não com socos e pontapés" ... "para aquele dia em que [...]".

c) Desviar para peculiaridades corretas em si, mas irrelevantes para a questão da culpa

Considerando a própria miséria, muitos pensam: ajudem, mas não falem de penitência. A miséria extrema desculpa. Escutamos, por exemplo:

"O terror das bombas foi esquecido? Será que ele, sob o qual milhões de inocentes tiveram que sacrificar a vida, a saúde e todos os queridos pertences, não compensa tudo aquilo que foi perpetrado no país alemão? Não deveria a miséria dos refugiados, que grita aos céus, ter um efeito de desarmar as pessoas?"

"Sou do Tirol do Sul, vim à Alemanha há trinta anos como uma jovem mulher. Compartilhei o sofrimento do primeiro ao último dia, recebi pancada após pancada, fiz sacrifício após sacrifício, esvaziei o cálice amargo até o fim — e agora me sinto acusada por algo que não cometi."

"A miséria que se abateu sobre o povo todo é tão gigantesca e adquire dimensões tão inimagináveis que não se deve colocar sal na ferida. Talvez o povo, pelo menos em suas parcelas certamente inocentes, já tenha sofrido mais do que talvez uma penitência justa tivesse exigido."

De fato, a desgraça é apocalíptica. Todos reclamam, com razão: aqueles que escaparam do campo de concentração ou da perseguição e que se lembram do terrível sofrimento. Os que perderam seus entes queridos da forma mais cruel. Os milhões de evacuados e refugiados que vivem em caminhada quase sem esperança. Os muitos seguidores do partido que agora foram desligados e estão na miséria. Os norte-americanos e os outros aliados que entregaram anos de sua vida e tiveram milhões de mortos. Os povos europeus que sob o regime terrorista dos alemães nacional-socialistas foram castigados. Os emigrantes alemães que tiveram de viver em um contexto linguístico estrangeiro sob as condições mais difíceis. Todos, todos.

Na listagem dos queixosos, coloquei os diversos grupos lado a lado com a intenção de perceber ali imediatamente o que havia de diferente entre eles. A miséria enquanto miséria, enquanto destruição da existência, está em todo lugar, mas ela é diferente essencialmente no contexto em que se encontra. É injusto declarar todos inocentes da mesma forma.

Em geral, podemos dizer que nós, alemães, por mais que agora tenhamos entrado na maior miséria entre os povos, também carregamos a maior responsabilidade pelo andar das coisas até 1945.

Por isso, vale para nós, para cada um: não queremos tão facilmente nos sentirmos inocentes, não queremos ter pena de nós mesmos como vítimas de uma fatalidade, não queremos receber louvores pelos sofrimentos, mas queremos perguntar a nós mesmos, nos esclarecer inexoravelmente: onde eu senti errado, pensei errado, agi errado? — queremos buscar amplamente a culpa em nós mesmos, e não nas coisas ou nos outros, não queremos desviar da necessidade. Isso decorre da decisão para a virada.

d) Desviar para generalidades

Trata-se de um alívio ilusório quando, como indivíduo, me torno desinteressante para mim mesmo, porque o todo parece um acontecimento que me submerge, no qual não tenho nenhuma participação e, por isso, nenhuma culpa pessoal. Nesse caso, vivo apenas impotentemente sofrendo ou participando passivamente. Não vivo mais a partir de mim mesmo. Alguns exemplos a esse respeito:

> 1. A interpretação moral da história permite a expectativa por uma justiça como um todo: "toda culpa se paga na Terra".

Sei-me entregue a uma culpa total, em que a minha própria ação praticamente não tem mais nenhuma importância. Se sou o perdedor, a falta de saída metafísica como um todo é deprimente. Se sou o vencedor, além do sucesso, ainda tenho a consciência tranquila de ser o melhor. Uma tendência de não levar muito a sério a si próprio como indivíduo paralisa os motores morais. O orgulho de uma confissão de culpa que se expõe em um dos casos, assim como o orgulho da vitória moral no outro caso, torna-se um desvio da real tarefa humana, que está em cada um.

Contra essa concepção moral da história há, no entanto, a experiência. O andar das coisas não é unívoco. O sol brilha para os justos e para os injustos. A distribuição da felicidade e a moralidade das ações parecem não ter uma inter-relação.

Mas seria um juízo contrário e falso dizer, de forma inversa: não há justiça.

Certamente, em determinadas situações, diante das circunstâncias e atos de um Estado, aflora a seguinte sensação indelével: "isso não tem como acabar bem", "isso precisa ser vingado". Mas, assim que essa sensação confia na justiça, surge o engano. Não é uma certeza. O bom e o verdadeiro não vêm por si só. Na maioria dos casos, a reparação não acontece. Desgraça e vingança afetam culpados e inocentes. A mais pura das vontades, a retidão mais irrestrita, a maior coragem podem — se a situação impedir — permanecer sem sucesso. E alguns homens passivos se beneficiam de uma situação vantajosa sem ter o mérito, pois ela existe graças à ação de outros.

A ideia da culpa total e do aprisionamento em um contexto de culpa e penitência — apesar da verdade metafísica que nele pode haver — transforma-se em tentação para o indivíduo se desviar daquilo que é única e exclusivamente assunto seu.

2. A visão geral de que, finalmente, tudo no mundo tem um fim, de que nada se faz que no final não fracasse, de que em tudo há a semente da desgraça, faz com que o insucesso, a cada outro insucesso, a vileza com a nobreza deslizem para o nível comum do fracasso, que perde seu peso.
3. Dá-se um peso metafísico à própria desgraça, que se interpreta como consequência da culpa de todos, interpretando-se também uma nova unicidade: na catástrofe da época, a Alemanha é a vítima expiatória. Ela sofre por todos. Por meio dela, eclode a culpa de todos, assim como a penitência por todos.

Isso é um pateticismo falso que, por sua vez, se afasta da tarefa sóbria de fazer o que realmente está em seu próprio poder, isto é, da tarefa de fazer o melhor concreto e da transformação interior. Desliza-se para o "estético", que por sua informalidade se distancia da realização a partir do cerne do ser individual. É um recurso para criar um falso sentimento coletivo de valor próprio, em um novo caminho.

    4. Parece ser uma libertação da culpa quando diante dos incríveis sofrimentos que nós, alemães, passamos, exclamamos: foi cumprida a pena.

Aqui, devemos distinguir: uma pena é cumprida, uma responsabilidade política é delimitada por um acordo de paz e, assim, levada ao fim. Em relação a esses dois pontos, o raciocínio faz sentido e está correto. Mas a culpa moral e metafísica, entendida unicamente pelo indivíduo na própria comunidade como sendo sua, devido à sua essência não é expiada. Ela não acaba. Quem a carrega entra em um processo que dura a vida toda.

Para nós, alemães, vale aqui a alternativa: ou a assunção da culpa, que o restante do mundo não reconhece, mas que fala de dentro da nossa consciência, se transforma em um traço fundamental da autoconsciência alemã — nesse caso, a nossa alma trilha o caminho da transformação. Ou então afundamos na mediocridade da vida meramente indiferente; nesse caso, não desperta mais em nosso meio o impulso original; nesse caso, não nos é mais revelado o que é realmente ser; nesse caso, não escutamos mais o significado transcendente de nossa alta literatura, da arte, da música e da filosofia.

Sem o caminho da purificação proveniente das profundezas da consciência de culpa não haverá verdade a ser realizada para o alemão.

2. O caminho da purificação

Na prática, purificação significa primeiramente reparação.

Politicamente, isso significa realizar os atos que, partindo do dizer sim interiormente, colocados em forma jurídica e abdicando das próprias necessidades, restabeleçam uma parte do que foi destruído aos povos atacados pela Alemanha hitlerista.

Pressupostos para esse trabalho, além da forma jurídica, que traz uma distribuição justa do fardo, são a vida, a capacidade e a possibilidade de trabalho. É incontornável que a vontade política de reparação se esgote quando atos políticos dos vencedores destroem esses pressupostos. Pois, nesse caso, não seria a paz implicando a reparação, mas sim uma guerra continuada implicando uma nova destruição.

A reparação, no entanto, é mais do que isso. Aquele que estiver comovido pela culpa da qual participa quer ajudar a todos os injustiçados pela arbitrariedade do regime sem lei.

São duas motivações que não devem ser confundidas: a exigência de ajudar onde houver necessidade, não importa por que razão, simplesmente por estar próxima e exigir ajuda — e, em segundo lugar, a exigência de reconhecer um direito especial aos deportados, aos roubados, aos saqueados, aos torturados pelo regime hitlerista, aos emigrados.

Ambas são plenamente justificadas, mas há uma diferença na motivação. Se a culpa não é sentida, logo acontece um nivelamento de todo o sofrimento no mesmo plano. É necessária uma diferenciação entre os atingidos pela miséria se eu quiser operar a reparação daquilo que sou, de minha parte, culpado.

A purificação pela reparação é inevitável. Mas a purificação é muito mais do que isso. A reparação somente será uma intenção séria e somente preencherá seu sentido ético se for uma consequência de nossa refundição purificadora.

O esclarecimento da culpa é também o esclarecimento da nossa nova vida e suas possibilidades. É dela que brotam a seriedade e a decisão.

Quando isso acontecer, a vida não existirá simplesmente para o livre desfrute sem limites. A felicidade da existência, quando for concedida, em intervalos, em pausas para a respiração, pode ser aproveitada por nós, porém não preenche a existência, apenas é aceita sob o pano de fundo da tristeza, como magia encantadora. A vida essencialmente só é permitida ao acabar-se no desempenho uma tarefa.

A consequência disso é a humildade. Ao agir interiormente diante da transcendência, a finitude e a incompletude humanas tornam-se conscientes.

Então, sem uma vontade de poder, podemos executar a abordagem da verdade e nos associarmos a ela em uma luta com amor.

Então, poderemos nos tratar sem agressividade — a partir da simplicidade do silêncio surgirá a clareza do que é comunicável pelas palavras.

Então, só interessarão a verdade e a atividade. Sem artimanhas, estamos dispostos a tolerar o que nos foi destinado. Aconteça o que acontecer, a tarefa humana permanecerá enquanto vivermos, tarefa essa inacabável no mundo.

A purificação é o caminho do homem enquanto tal. A purificação pelo desenvolvimento da ideia de culpa é apenas um momento dela. A purificação não ocorre primeiro por ações externas, nem por magia. A purificação é, antes, um processo interior que nunca se resolve, uma permanente formação de si mesmo. A purificação diz respeito à nossa liberdade. Sempre e várias vezes, cada um de nós se vê diante de uma bifurcação no caminho, levando à purificação ou à turbidez.

A purificação não é a mesma para todos. Cada um segue seu caminho pessoal. Este não pode ser antecipado nem indicado por nenhuma outra pessoa. As ideias gerais podem apenas alertar, talvez despertar.

Se agora perguntarmos enfim em que consiste a purificação, além do que já foi dito, não há novas indicações concretas a serem feitas. Quando algo não puder ser realizado como objetivo da vontade de compreensão, mas acontecer através de uma ação interior como transformação, então podemos apenas repetir as formulações gerais indeterminadas: iluminação e transparência no impulso — amor pelo ser humano.

Quanto à culpa, um caminho possível é repensar as ideias apresentadas. Elas não precisam ser pensadas abstratamente apenas com a razão, mas podem ser executadas de forma plástica; elas precisam ser presentificadas, apropriadas ou descartadas pelo próprio ser. Essa realização e o que daí resultar é a purificação. Ela não está no fim, nem é algo novo, que se acrescentou.

A purificação também é a condição de nossa liberdade política. Pois é apenas a partir da consciência de culpa que surge a consciência de solidariedade e de corresponsabilidade, sem a qual a liberdade não é possível.

A liberdade política começa com o fato de que, na maior parte do povo, o indivíduo sente-se corresponsável pela política do bem comum — que ele não apenas deseja e critica, mas antes exige de si mesmo ver a realidade, e não uma ação a partir da crença de um paraíso terrestre, utilizada erroneamente na política, que só não se concretiza pela má vontade e pela estupidez dos outros. Ele sabe muito mais: a política busca o caminho trilhável no mundo concreto, conduzida pelo ideal do ser humano: a liberdade.

Em resumo: sem a purificação da alma, não há liberdade política.

Até que ponto conseguimos chegar na purificação interior com base na consciência de culpa é o que descobriremos a partir de nosso comportamento diante de ataques morais contra nós.

Sem consciência de culpa, nossa reação a todo ataque será sempre um contra-ataque. Mas, se a agitação interior tomou conta de nós, o ataque externo apenas nos tocará superficialmente. Ele ainda poderá doer e ofender, mas não penetrará no interior da alma.

Quando a consciência de culpa tiver sido incorporada, suportaremos acusações falsas e injustas com tranquilidade. Pois o nosso orgulho e a nossa renitência foram fundidos.

Quem verdadeiramente sentir culpa, de modo que sua consciência do ser esteja em transformação, verá as críticas das outras pessoas como uma brincadeira de criança, que em sua inocuidade não mais o atinge. Quando a verdadeira consciência da culpa for um espinho indelével, a autoconsciência será forçada a adquirir uma nova forma. Quando se ouvem tais críticas, sente-se antes preocupado com quão indiferente e desconhecedor dos fatos é o crítico.

Sem a iluminação e a transformação da alma, nossa suscetibilidade apenas se intensificaria em impotência indefesa. O veneno de conversões psicológicas nos corromperia internamente. Precisamos estar dispostos a aceitar críticas, examiná-las após ouvi-las. Precisamos antes buscar os ataques contra nós em vez de evitá-los, porque para nós são uma forma de controle do próprio pensamento. Nossa postura interior se consagrará.

A purificação nos liberta. O andar das coisas não está encerrado nas mãos de ninguém, apesar de o homem ter a capacidade de chegar incalculavelmente longe ao conduzir a sua existência. Por permanecer a incerteza e a possibilidade de uma desgraça nova e maior, porque a transformação na consciência de culpa não é absolutamente, como consequência natural dos fatos, uma recompensa através de uma nova felicidade da existência, é que só podemos nos tornar livres por meio da purificação, para estarmos disponíveis ao que está por vir.

A alma pura pode realmente viver na tensão e, diante da total derrocada, ser incansável e ativa no mundo a serviço do que é possível.

Se olharmos para os acontecimentos no mundo, faremos bem em nos lembrar de Jeremias. Quando após a destruição de Jerusalém, após a perda de seu Estado e país, após ser levado à força pelos últimos judeus emigrados para o Egito, ele ainda teve que testemunhar como estes ofereciam sacrifícios a Ísis na esperança de que ela os ajudasse mais que Javé. Seu discípulo Baruch desesperou-se, e Jeremias respondeu, "Assim disse Javé: é verdade, o que construí, eu destruirei, e o que plantei, arrancarei, e exiges algo grande para ti? Não exijas!". O que significa isso? Que Deus é, e isto basta. Se tudo desaparecer, Deus é, e este é o único ponto sólido.

Contudo, o que for verdade diante da morte, do extremo, se transformará em tentação grave se o homem mergulhar precocemente em cansaço, impaciência e desespero. Pois essa postura no limite é verdadeira apenas se for sustentada pela decisão inabalável de a todo tempo aproveitar o possível enquanto durar a vida. Humildade e comedimento são a nossa parte.

Posfácio de 1962 do meu livro
A questão da culpa

Este escrito foi esboçado em 1945, apresentado em janeiro e fevereiro de 1946 em palestras e depois publicado. Ao ler o texto, precisa-se ter em mente o tempo em que foi escrito. A chuva de pedra das acusações de culpa se abatia diariamente sobre nós, alemães. Aos soldados norte-americanos era proibido falar conosco, a não ser sobre questões oficiais. Só agora os crimes da Alemanha nacional-socialista ficaram evidentes para todo o povo. Eu também não sabia do planejamento e da dimensão dos crimes. Ao mesmo tempo, as agruras do dia a dia ficavam enormes para aqueles que permaneciam em casa, para os prisioneiros de guerra que agora eram transportados para todo lado, para os refugiados. Dominavam o desamparo e o silêncio, a raiva contida, ou, por um curto período de tempo, também uma postura simples e abatida. Muitos tentavam tirar dos vencedores alguma vantagem para si. Além da lamúria, havia a falta de consideração. A solidariedade na família e em meio aos amigos era praticamente o único refúgio.

O escrito deveria servir à autorreflexão para encontrar o caminho da dignidade ao se assumir o tipo de culpa claramente reconhecido. Ele também apontou para a corresponsabilidade da culpa das potências vencedoras; não para nos aliviar, mas em nome da verdade, e também para, baixinho, afastar uma possível autojustiça, que na política tem consequências funestas para todos. O fato de tal escrito poder ter sido publicado sob o regime de ocupação é testemunho da liberdade que desde o início esse regime permitiu ao espírito. Um eminente norte-americano me disse, naquela época, que o escrito se dirigia tanto aos Aliados quanto aos alemães. Eu me esforçava em prol de ar puro, para que nós, alemães, pudéssemos recuperar nossa autoconfiança. Ele também deveria ser útil ao possibilitar novas relações com os vencedores, pessoas com pessoas.

Apesar das ainda esparsas informações naquela época, as linhas gerais do regime nacional-socialista, com seus métodos elaborados, sua estrutura totalmente baseada em mentiras e suas motivações criminosas, estavam claras para todos aqueles que quisessem saber. A renovação dos alemães deveria começar ali. Julgo serem verdadeiras ainda hoje as considerações desse escrito, com uma exceção fundamental: enganei-me em um ponto crucial na concepção dos Julgamentos de Nuremberg.

A ideia anglo-saxã foi genial. Pareceu-nos naquela época que algo já brilhava do futuro e transformaria o mundo: a criação de um direito mundial e de um estado mundial em que, através da força conjunta das maiores potências, seriam averiguados com seriedade crimes claramente definidos. Nenhum político, nenhum militar, nenhum funcionário público futuramente poderá apoiar-se em razões de Estado ou ordens. Todos os atos de um Estado acontecem por meio de personalidades humanas, seja pelos detentores do poder, seja pelos colaboradores de diversas categorias. Antigamente, empurrava-se a responsabilidade para o Estado, como se ele fosse um ser sagrado, sobre-humano. Agora, cada um se responsabiliza pelo que faz. Há crimes de Estado, que ao mesmo tempo são crimes de determinados indivíduos. Há necessidade e honra no comando e na obediência, mas a obediência não deve ser prestada se o obediente souber que está cometendo um crime. O juramento em contextos de Estado só tem caráter incondicional se for prestado sobre a Constituição ou na solidariedade de uma comunidade que expresse seus objetivos e suas opiniões, jamais como juramento de fidelidade diante de pessoas detentoras de cargos políticos ou militares. A responsabilidade pessoal não cessa em momento algum. Podem, sim, surgir conflitos violentos, mas, na verdade, a coisa em si é simples quando se trata de crimes. Ela começa quando eu vejo a possível e já iniciante concretização do crime e participo mesmo assim. Quando se grita: "Acorda Alemanha, morre Judá", "as cabeças vão rolar", quando foi enviado o telegrama de solidariedade de Hitler aos assassinos de Potempa, a consciência deve falar mais alto, mesmo que ao participar ainda não tenha acontecido crime algum. Mas quem depois ordena ou executa os crimes será — é esta a ideia — julgado como indivíduo pela comunidade de Estados do mundo. Sob tal ameaça, a paz estaria assegurada. A humanidade se uniria num *ethos* compreensível a todos. Não mais se repetiria o que sofremos: que pessoas destituídas de sua dignidade pelo próprio Estado, que tenham tido seus direitos humanos violados, que tenham sido expulsos ou assassinados, não encontrem proteção junto aos órgãos superiores da comunidade dos Estados. Não mais se repetiria que Estados livres fariam a corte a Hitler e trairiam os alemães para que viessem em massa à Olimpíada em Berlim, para que em seus congressos científicos e eventos culturais recebessem os homens permitidos pelo Estado nacional-socialista, excluindo os indesejados. Nunca mais se repetiria o que aconteceu na Alemanha: que os Estados livres ocidentais não rechaçassem inicialmente com recursos pacíficos os crimes que aconteciam desde 1933 e que cresceram descomunalmente a partir de 1934, tolerando-os com a confortável "não interferência em assuntos internos". Assim que em um Estado cujo povo fosse semelhante aos outros povos em termos de cultura, tradição, concepção ocidental de vida, esse povo estivesse desamparado, exposto ao totalitarismo por uma tragédia, mesmo que auto-originada, ele não poderá ser abandonado a seus próprios governantes terroristas, tampouco como em uma catástrofe natural.

Agora deveria se iniciar uma nova era. Seria constituída uma corte, cujo desenvolvimento seria esperado. O eterno anseio do ser humano começou a vislumbrar um caminho de realização. Isso provavelmente foi muito ingênuo. Eu participei disso, apesar de minha idade e apesar de ter pensado muito sobre política. Tive consciência de minha falta de clareza naquela época, e reviso meu julgamento em relação a esse ponto.

No tribunal, havia a Rússia bolchevista como Estado de regime totalitário, do ponto de vista da forma de governo, em nada diferente do Estado nacional-socialista. Havia, portanto, a participação de um juiz que, factualmente, não reconhecia o direito sobre o qual se basearia o tribunal. O tribunal não precisou analisar os crimes, conhecidos como atos geográficos locais, mas apenas os atos das pessoas acusadas. Essa autolimitação da acusação, que excluía um processo contra o "desconhecido", não permitiu que aflorassem dificuldades. O julgamento limitou-se a prisioneiros de guerra. Até as ações das potências ocidentais, que ao longo da guerra perpetraram destruições sem necessidade militar, não se tornaram objeto da investigação.

Naquela época, em 1945, foi o que pensei, mas não abordei. Apesar do susto aterrador diante da destruição absurda de Dresden e Würzburg, eu dizia a mim mesmo: talvez os atos de ambos os lados não possam ser calculados com a mesma medida. A população que investe todas as suas forças a serviço de um Estado criminoso não pode mais contar com proteção. Quando milhões de pessoas dos povos subjugados foram deportados para a Alemanha para trabalhos forçados, quando diariamente os trens saíam para levar os judeus ao local de sua morte por gás, quando a Frente Ocidental começou com a destruição do centro de Roterdã — com a destruição de Coventry — com as palavras do Führer: "eu vou apagar as cidades deles", quando o mundo se viu ameaçado pelo regime criminoso que se apoderara da maior parte da Europa; diante do absolutamente inescrupuloso, talvez não fosse mais possível um comedimento nas nossas instâncias. Não foi o princípio do governo de Estados livres, mas foram as instâncias especiais, provavelmente não toleradas pelos próprios governos, que conseguiram proceder a atos planejados de destruição militarmente desnecessários, a fim de contrapor o terror do governo alemão instaurando, por sua vez, o terror contra a população alemã. Teria sido maravilhoso e teria transformado o processo em um evento totalmente diferente, parte da história mundial, mesmo se esses crimes tivessem sido colocados diante desse fórum. Eu deveria ter escrito isso, então, no momento em que aconteceu.

Inicialmente, o processo correu de forma convincente sob o entendimento jurídico anglo-saxão. Os processos dos acusados no primeiro julgamento são inatacáveis (não falo dos demais julgamentos de Nuremberg). Queria-se verdade e justiça. Legalmente, os crimes foram definidos. Apenas esses crimes, e não atos moralmente condenáveis, deveriam ser julgados. Por isso a absolvição de Schacht, Von Papen e Fritsche, apesar de ter sido promulgada a condenação moral de seus atos pelo tribunal. É representativo o fato de o juiz russo ter manifestado um voto especial em que rejeitava as absolvições. Seu parco senso jurídico não foi capaz de distinguir entre o legalmente definido e o moral. Esse juiz julgou apenas como vencedor, enquanto os outros queriam e concretizaram a autolimitação do direito de poder dos vencedores.

Ainda assim, a esperança foi ilusória. A grande ideia, como em tempos remotos, apareceu apenas como ideia, não como realidade. O processo não instituiu uma situação mundial com um direito mundial.

O fato de esse processo não ter cumprido o que prometeu tem consequências nefastas. Se naquela época eu escrevia: "Nuremberg, em vez de ser uma bênção, se tornaria antes um fator de ruína; o mundo, por fim, julgaria o processo como sendo um processo de aparências, um processo-espetáculo. Isso não pode acontecer" —, então hoje não posso me furtar ao juízo de que ele não foi um processo-espetáculo, antes, em suas formas jurídicas, foi um processo impecável; mas ainda assim foi um processo de aparências. Em seu efeito, foi um processo único de potências vencedoras contra os derrotados, em que faltava a base do estado comum de direito e da vontade jurídica das potências vencedoras. Por isso, ele alcançou o contrário daquilo que deveria. Nenhum direito foi fundado ali, mas a desconfiança contra o direito aumentou. Diante da dimensão da causa, a decepção é avassaladora.

Não podemos afastar de nós essa experiência, mesmo se mantivermos a grande ideia. As forças contrárias ao direito ainda são incomensuravelmente mais fortes. Hoje ainda não conquistaremos imediatamente a tranquilidade para o mundo, como era a ideia inicial em Nuremberg. Essa tranquilidade, garantida pela força do direito da vontade das grandes potências que se submetem elas próprias a esse direito, necessita de um pressuposto. Ele não pode brotar simplesmente por motivos de segurança e de libertação do medo. Ele precisa se restabelecer constantemente a partir da tensão da liberdade em constante risco. A realização duradoura dessa tranquilidade pressupõe uma vida espiritual e moral de distinção e dignidade. Este seria ao mesmo tempo seu fundamento e seu sentido.

Die Schuldfrage © 1965 by Piper Verlag GmbH, München/Berlin.

Todos os direitos desta edição reservados à Todavia.

Grafia atualizada segundo o Acordo Ortográfico da Língua Portuguesa de 1990, que entrou em vigor no Brasil em 2009.

indicação editorial
Flávio Pinheiro
capa
Daniel Trench
preparação
Mariana Donner
revisão
Amanda Zampieri
Ana Tereza Clemente
Valquíria Della Pozza

1ª reimpressão, 2020

Dados Internacionais de Catalogação na Publicação (CIP)
— —

Jaspers, Karl (1883-1969)
A questão da culpa: A Alemanha
e o nazismo: Karl Jaspers
Título original: *Die Schuldfrage*
Tradução: Claudia Dornbusch
São Paulo: Todavia, 1ª ed., 2018
120 páginas

ISBN 978-85-93828-36-2

1. Filosofia 2. História alemã 3. Nazismo 4. Segunda Guerra
I. Dornbusch, Claudia II. Título

CDD 104
— —

Índice para catálogo sistemático:
1. Filosofia: História alemã 104

todavia
Rua Luís Anhaia, 44
05433.020 São Paulo SP
T. 55 11. 3094 0500
www.todavialivros.com.br

fonte
Register*
papel
Munken print cream
80 g/m²
impressão
Geográfica